V&R

PSYCHODYNAMIK **Kompakt**

Herausgegeben von
Franz Resch und Inge Seiffge-Krenke

Holger Kirsch / Annemarie Bauer

Psychodynamische Perspektiven in der Sozialen Arbeit

Vandenhoeck & Ruprecht

Bibliografische Information der Deutschen Nationalbibliothek

Die Deutsche Nationalbibliothek verzeichnet diese Publikation in der Deutschen Nationalbibliografie; detaillierte bibliografische Daten sind im Internet über http://dnb.d-nb.de abrufbar.

ISBN 978-3-525-40600-7

Weitere Ausgaben und Online-Angebote sind erhältlich unter: www.v-r.de

Umschlagabbildung: Paul Klee, Wintertag kurz vor Mittag, 1922/INTERFOTO/ ARTCOLOR

Satz: SchwabScantechnik, Göttingen
Druck und Bindung: ⊕ Hubert & Co GmbH & Co. KG,
Robert-Bosch-Breite 6, D-37079 Göttingen

Gedruckt auf alterungsbeständigem Papier.

Inhalt

Vorwort zur Reihe

Zielsetzung von PSYCHODYNAMIK KOMPAKT ist es, alle psychotherapeutisch Interessierten, die in verschiedenen Settings mit unterschiedlichen Klientengruppen arbeiten, zu aktuellen und wichtigen Fragestellungen anzusprechen. Die Reihe soll Diskussionsgrundlagen liefern, den Forschungsstand aufarbeiten, Therapieerfahrungen vermitteln und neue Konzepte vorstellen: theoretisch fundiert, kurz, bündig und praxistauglich.

Die Psychoanalyse hat nicht nur historisch beeindruckende Modellvorstellungen für das Verständnis und die psychotherapeutische Behandlung von Patienten hervorgebracht. In den letzten Jahren sind neue Entwicklungen hinzugekommen, die klassische Konzepte erweitern, ergänzen und für den therapeutischen Alltag fruchtbar machen. Psychodynamisch denken und handeln ist mehr und mehr in verschiedensten Berufsfeldern gefordert, nicht nur in den klassischen psychotherapeutischen Angeboten. Mit einer schlanken Handreichung von 60 bis 70 Seiten je Band kann sich der Leser schnell und kompetent zu den unterschiedlichen Themen auf den Stand bringen.

Themenschwerpunkte sind unter anderem:
- *Kernbegriffe und Konzepte* wie zum Beispiel therapeutische Haltung und therapeutische Beziehung, Widerstand und Abwehr, Interventionsformen, Arbeitsbündnis, Übertragung und Gegenübertragung, Trauma, Mitgefühl und Achtsamkeit, Autonomie und Selbstbestimmung, Bindung.
- *Neuere und integrative Konzepte und Behandlungsansätze* wie zum Beispiel Übertragungsfokussierte Psychotherapie, Schematherapie, Mentalisierungsbasierte Therapie, Traumatherapie, internet-

basierte Therapie, Psychotherapie und Pharmakotherapie, Verhaltenstherapie und psychodynamische Ansätze.

- *Störungsbezogene Behandlungsansätze* wie zum Beispiel Dissoziation und Traumatisierung, Persönlichkeitsstörungen, Essstörungen, Borderline-Störungen bei Männern, autistische Störungen, ADHS bei Frauen.
- *Lösungen für Problemsituationen in Behandlungen* wie zum Beispiel bei Beginn und Ende der Therapie, suizidalen Gefährdungen, Schweigen, Verweigern, Agieren, Therapieabbrüchen; Kunst als therapeutisches Medium, Symbolisierung und Kreativität, Umgang mit Grenzen.
- *Arbeitsfelder jenseits klassischer Settings* wie zum Beispiel Supervision, psychodynamische Beratung, Soziale Arbeit, Arbeit mit Flüchtlingen und Migranten, Psychotherapie im Alter, die Arbeit mit Angehörigen, Eltern, Gruppen, Eltern-Säuglings-Kleinkind-Psychotherapie.
- *Berufsbild, Effektivität, Evaluation* wie zum Beispiel zentrale Wirkprinzipien psychodynamischer Therapie, psychotherapeutische Identität, Psychotherapieforschung.

Alle Themen werden von ausgewiesenen Expertinnen und Experten bearbeitet. Die Bände enthalten Fallbeispiele und konkrete Umsetzungen für psychodynamisches Arbeiten. Ziel ist es, auch jenseits des therapeutischen Schulendenkens psychodynamische Konzepte verstehbar zu machen, deren Wirkprinzipien und Praxisfelder aufzuzeigen und damit für alle Therapeutinnen und Therapeuten eine gemeinsame Verständnisgrundlage zu schaffen, die den Dialog befördern kann.

Franz Resch und Inge Seiffge-Krenke

Vorwort zum Band

Auch jenseits klinisch-therapeutischer Settings bewähren sich Grundprinzipien des psychodynamischen Denkens wie Subjektorientierung, Beziehungsorientierung und Entwicklungsorientierung. Das vorliegende Buch untersucht die Entwicklungslinien einer psychoanalytischen Sozialpädagogik bis in die heutigen Handlungsfelder der Sozialen Arbeit. Schon in der Frühzeit der psychoanalytischen Bewegung galten Zusammenhänge zwischen der psychoanalytischen Theorie und pädagogischen Praxisfeldern nicht nur als legitim, sondern als wichtig und wünschenswert. Nach jäher Unterbrechung dieses Aufschwungs in den 1930er Jahren erfolgte erst in der Nachkriegszeit eine Neuorientierung und es wurde wieder verstärkt an psychoanalytischen Theorien des pädagogischen Handelns gearbeitet.

Die Autoren nehmen Bezug auf soziologische Impulse für die Soziale Arbeit, die ebenso wie einige psychoanalytische Autoren auf die Austauschprozesse zwischen Kind und Umwelt im Sinne eines sozialen Raums abheben. In einem solchen Raum entwickelt sich beim Individuum eine persönliche Verinnerlichung gesellschaftlicher Strukturen. Auf gerade diese Strukturen zielen die Erklärungs- und Interventionsmodelle der Sozialen Arbeit.

Das Konzept der Lebenswelt hat sich zu einem »Paradigma mit großer Bedeutung entwickelt«. Beratungsanlässe sind eben nicht nur soziale Probleme, sondern auch die damit verbundenen psychischen Probleme. Die Grenze zwischen sozialen und psychischen Notlagen erscheint dabei oft fließend. Hier berühren sich systemorientierte und psychoanalytische Sichtweisen.

Systemische Modelle und ein methodischer Eklektizismus in der alltäglichen Beratungstätigkeit sind in der Sozialen Arbeit weit verbreitet. Drei aktuelle psychodynamische Denkansätze werden vorgestellt und in einem Fallbeispiel verdeutlicht: das Mentalisierungsmodell, das Modell der strukturbezogenen Pädagogik sowie ein traumapädagogischer Ansatz. Jeder dieser Erklärungsansätze fördert neue Verstehensmöglichkeiten zu Tage, die auch zu Handlungsanleitungen führen können. Es gilt für die Zukunft zu klären, welches Erklärungsmuster welchen Handlungsfeldern die überzeugendsten Anleitungen liefern kann. Die Positionsbestimmungen zwischen Psychoanalyse und Pädagogik werden notwendigerweise kontinuierlich weiterentwickelt werden.

Den Autoren gelingt es, die komplexe Materie in dem Übergangsbereich zwischen Therapie und Pädagogik überzeugend und verständlich darzustellen.

Inge Seiffge-Krenke und Franz Resch

Einleitung

Die Anfänge der Sozialarbeit liegen in der klassischen Wohlfahrtspflege, der Armen- und Gesundheitsfürsorge und Sozialhilfe, während Sozialpädagogik in der Tradition der Jugendhilfe und der Pädagogik der frühen Kindheit steht (Köhler-Offierski, 2014). Sozialpädagogik und Sozialarbeit werden heute unter dem Begriff »Soziale Arbeit« zusammengefasst. Soziale Arbeit ist mit den sozialen Problemen ihrer Adressaten befasst und mit den damit verbundenen psychischen und gesundheitlichen Problemen. Daher sind die Anforderungen an die Soziale Arbeit komplex.

Der spezifische Reiz psychodynamischer Pädagogik liegt in der Subjektorientierung, der Beziehungsorientierung und der Entwicklungsorientierung, jenseits klinisch-therapeutischer Settings (Göppel, 2015). Psychoanalytisches Handeln ist nach Trescher (1988) überall dort möglich, wo es um einen professionellen Umgang mit Menschen geht, wo die Beziehungen, die sie miteinander eingehen, von Bedeutung sind für die Ziele, die sie miteinander erreichen wollen. Was im jeweiligen Feld konkret zu tun ist, welche Technik zur Anwendung kommt, hängt dann ebenso vom Anwendungsbereich wie von den Beteiligten ab.

Dieses Buch will anhand historischer Bezüge zeigen, dass Psychoanalyse zunächst psychoanalytische (Sozial-)Pädagogik mit eingeschlossen hat. Erst seit den 1930er Jahren entwickelten sich therapeutische und pädagogische Ansätze deutlich auseinander. Je nach vorherrschender psychoanalytischer Metatheorie wurde das Verhältnis von realer (soziokultureller und ökonomischer) Umwelt zur psychischen Innenwelt anders konstruiert, was für sozialpädagogische

Handlungsfelder enorm bedeutsam ist, da die Professionellen immer »mit einem Bein« in der realen ökonomischen und sozialen Umwelt stehen. Mithilfe eines Fallbeispiels werden drei aktuelle psychodynamische Ansätze in der Sozialen Arbeit vorgestellt. Das Mentalisierungsmodell, der strukturbezogene Ansatz sowie die Traumapädagogik sollen hier als Beispiele gelten, wie psychodynamische Ansätze in der praktischen Arbeit mit Adressaten und in der Supervision eingesetzt werden.

1 Entwicklungslinien psychoanalytischer (Sozial-)Pädagogik

In seinen Anfängen beschäftigte sich Sigmund Freud nicht allein mit Behandlungsmethoden für neurotische Patientinnen und Patienten, sondern ebenso mit der Entwicklung innerer psychischer Strukturen und deren Bedeutung für unterschiedliche Formen des Erlebens und Verhaltens. Bereits in den Studien über Hysterie stellte er die Bedeutung biografischer Erzählungen heraus, entwickelte Annahmen über die innerpsychische Verarbeitung von emotional bedeutsamen Erfahrungen und deren Auswirkungen auf das aktuelle Erleben (Wininger, Datler u. Dörr, 2013). Innerhalb der psychoanalytischen Bewegung wurde zunächst keineswegs die Auffassung vertreten, psychoanalytische Theorien seien bloß für die therapeutische Arbeit in der psychoanalytischen Kur von Bedeutung. Sándor Ferenczi hielt bereits 1908 einen Vortrag zu »Psychoanalyse und Pädagogik« (Stemmer-Lück, 2004). Psychoanalytisch orientiertes Arbeiten in pädagogischen Handlungsfeldern wie Schule, Sozialpädagogik oder Erziehungsberatung wurde ebenso als psychoanalytische Praxis begriffen wie die psychoanalytische Kur. Freud sah in der Vorbeugung von Neurosen durch »analytische Pädagogen« eine große Chance (Freud, 1926/1989, S. 285). Konsequenterweise wurden daher auch nichtpsychotherapeutische psychoanalytisch-pädagogische Arbeitsmethoden als psychoanalytisch verstanden (Datler, 1995a).

Einige Autoren (Trescher, 1988; Datler, 1995a) sehen die Zeit nach dem Ersten Weltkrieg als Blütezeit psychoanalytischer Pädagogik. Dazu zählen die Aktivitäten herausragender psychoanalytischer Pädagogen der ersten Generation, wie August Aichhorn, Siegfried Bernfeld, Fritz Redl oder auch des Arztes Alfred Adler. Aichhorn hatte

1918 als einer der Ersten den Versuch unternommen, Psychoanalyse und Fürsorge in der alltäglichen Praxis zu verbinden. Auf psychoanalytischer Basis arbeitete er in Österreich mit »schwer erziehbaren« Jugendlichen. Später schuf er ein Netz von Erziehungsberatungsstellen in Wien, die auf psychoanalytischer Grundlage arbeiteten. Seine Erfahrungen, seine Einstellungen und die Art seiner Arbeit mit den Jugendlichen beschrieb er 1925 in seinem Buch »Verwahrloste Jugend« (Aichhorn, 1925/1977). Für Aichhorn war die Verwahrlosung eine aus unbewussten seelischen Konflikten entstehende Verhaltensauffälligkeit von Kindern und Jugendlichen (Günter u. Bruns, 2010). Er sieht die Dissozialität im Kontext der Erziehung in der Kindheit und betrachtet auf diesem Weg den dissozialen Jugendlichen als schuldlos schuldig gewordenen Menschen, dessen Hass auf die Gesellschaft, dessen negative Einstellung, Aggression, Lügen und Betrügen einer gewissen Berechtigung nicht entbehrt.

Auch Freud hat sich zum Verhältnis von Psychoanalyse und psychoanalytischer Pädagogik im Vorwort zu Aichhorns Buch »Verwahrloste Jugend« geäußert: »Die Möglichkeit der analytischen Beeinflussung ruht auf ganz bestimmten Voraussetzungen, die man als ›analytische Situation‹ zusammenfassen kann, erfordert die Ausbildung gewisser Strukturen, einer besonderen Einstellung zum Analytiker. Wo diese fehlen wie beim Kind, beim jugendlichen Verwahrlosten, in der Regel auch beim triebhaften Verbrecher, muß man etwas anderes machen als Analyse, was dann in der Absicht wieder mit ihr zusammentrifft« (Freud, 1925/2005, S. 8). Während der Psychoanalytiker das Unbewusste des Analysanden auf sich wirken lasse, um es zu deuten, werde der Sozialpädagoge oder die Sozialarbeiterin den Wirkungen des Unbewussten (Re-Inszenierungen) ausgesetzt, die sich handelnd äußern.

Zusammen mit Aichhorn leitete Fritz Redl von 1934 bis 1936 die Erziehungsberatungsstellen des Wiener Volksbildungsreferats. Für Redl war der Zweck des Erziehens auf alle Fälle die Herstellung eines Zustands gewisser Triebunterdrückung und Sublimierung, wie sie eben Gesellschaft und Kultur fordern (Fatke, 1995). Redl versuchte eine Erziehung auf ich-psychologischer Grundlage und ging davon aus, dass dissoziale Kinder nicht ein schwaches Ich, sondern ein »gestörtes Ich« haben, das sich in den Dienst einer falschen Sache stelle. Dies äußere sich unter anderem darin, dass diese Kinder keine Frustrationstoleranz haben, ebenso seien ihnen Schuldgefühle fremd. Redl setzte auf die Wirksamkeit der Milieutherapie, die »anderen 23 Stunden« des Erziehungsalltags.

Auch Anna Freud, Lehrerin und Psychoanalytikerin, schrieb 1930 eine »Einführung in die Psychoanalyse für Pädagogen«, in der sie sich mit Unterschieden zur psychoanalytischen Therapie beschäftigte. Der psychoanalytische Pädagoge bewege sich nicht wie der Psychoanalytiker im Feld des Erinnerns, sondern des »Agierens« (A. Freud, 1930/2011).

Für Bernfeld war der Erfolg von Bildung und Erziehung nicht allein von der Erziehbarkeit der Kinder abhängig, sondern ganz maßgeblich von dem »sozialen Ort«. In seinem Buch »Sisyphos oder die Grenzen der Erziehung« (1925) beschäftigte sich Bernfeld mit den Grenzen der Pädagogen in der alltäglichen pädagogischen Arbeit, also auch mit Übertragungs- und Gegenübertragungsbeziehungen (Günter u. Bruns, 2010), und betonte das Verhältnis der jeweiligen sozialen Umwelt zu den inneren Entwürfen, die dem Handeln zugrunde liegen. Die Fragestellung nach der Milieuprägung eines seelischen Vorgangs umfasse nicht nur Lebensbedingungen (Klasse, Kultur, Generationszugehörigkeit u. a.), sondern auch ihre Auswirkungen auf subjektive Verarbeitungsweisen. Der »soziale Ort« verweist auf gesellschaftliche Gegebenheiten, die den pädagogischen Absichten entgegenstehen (Müller u. Trescher, 1995). Bernfeld hob dabei den Unterschied zur psychoanalytischen Therapie hervor, die ihre Autonomie als »Neutralität« gegenüber den »sozialen Orten« ihrer Adressaten zu sichern vermöge, sie könne also das Soziale zu einem gewissen Grad ausklammern. Sozialpädagogik hingegen wisse um ihre Eingebundenheit und Abhängigkeit ebenso wie die ihrer Adressaten in die gesellschaftlichen Verhältnisse. »Tantalus, als exemplarischer Adressat der Pädagogik, ist ja vor allem deshalb ein so schwieriger Schüler, weil sein sozialer Ort keinen Platz für pädagogische Kompromisse offen zu lassen scheint:

Weil er sich so verhält, als ob niemand ihm eine Chance gibt, hat er keine Chance, und weil er keine Chance hat, verhält er sich so« (Müller u. Trescher, 1995, S. 65). Im Durchbrechen dieser Dynamik sahen Bernfeld und später Müller und Trescher (1995) das vordringliche Anliegen der psychoanalytischen Sozialpädagogik.

Auch Alfred Adler, Schüler Freuds und erster Dissident der Psychoanalyse sowie Gründer der Individualpsychologie, war konfrontiert mit den sozialen Konflikten seiner Zeit und hat früh auf die Zusammenhänge zwischen psychischen Erkrankungen und sozialen Verhältnissen hingewiesen. Bereits vor der Zusammenarbeit mit Freud war Adler mit Fragen der Sozialmedizin, Hygiene und Prävention beschäftigt und von den Schriften des Sozialmediziners Rudolf Virchow beeinflusst (Handlbauer, 1990). »Adler hat immer wieder soziologische und sozialpsychologische Sichtweisen in die psychoanalytische Diskussion eingebracht« (Handlbauer, 1990, S. 55). Bruder-Bezzel (in Adler 2009, S. 9) beschreibt Adlers Haltung wie folgt: »Im Unterschied zu Freud hat Adler einen Ansatz, der grundsätzlich den Menschen als soziales Wesen, seine Entwicklungen im Zusammenhang mit dem sozialen Umfeld sieht [...]. Für Adler sind daher alle psychischen Funktionen von sozialen Zusammenhängen und von gesellschaftlichen Bedingungen mitgeprägt«. Adler stellte das bedrohte Selbstwertgefühl in den Mittelpunkt seiner Theorie, für ihn war der grundlegende Konflikt ein sozialer (Minderwertigkeitsgefühl und Kompensation), kein Triebkonflikt. Er engagierte sich früh in der Arbeiterbewegung (Bruder-Bezzel, 1999) und beschäftigte sich mit Kindererziehung und Heilpädagogik (Adler u. Furtmüller, 1914/1973). Er hielt ab 1918 regelmäßig Vorträge zu tiefenpsychologischer Erziehungsberatung an der Wiener Volkshochschule »Volksheim« und im »Volksbildungshaus« (Gstach u. Datler, 2001).

Aichhorn und Bernfeld hoben die Bedeutung der Beziehung für Entwicklungs- und Veränderungsprozesse hervor und haben wesentliche Beiträge zum Übertragungs- und Gegenübertragungsgeschehen geleistet (Stemmer-Lück, 2004). Auch die Bedeutung der Machtverhältnisse und der sozialen Umwelt wurde in der psychoanalytischen und individualpsychologischen Bewegung schon früh thematisiert. Als gesellschaftskritische Wissenschaft hatte die Psychoanalyse von Beginn an Einfluss auf pädagogisches Denken. Psychoanalytische Positionen standen in erklärter Opposition zu etablierten anderen Wissenschaftsgebieten (einschließlich Psychologie und Pädagogik); da sich die Psychoanalytiker der ersten Generation ganz besonders mit dem Zusammenhang zwischen traumatisierenden Erziehungseinflüssen und späteren Erkrankungen beschäftigten, standen zeitgenössische pädagogische Einrichtungen wie Schule oder die sexualrepressive Erziehung im Zentrum psychoanalytischer Kritik (Datler, 1995a).

In den 1930er Jahren ging diese Epoche des Aufschwungs psychoanalytischer Pädagogik und optimistischer Hoffnungen auf gesellschaftliche Veränderungen zu Ende. Zunehmend wurde deutlich, dass es eine Illusion gewesen war, zu meinen, psychoanalytisch-pädagogische Praxisgestaltung könne die Ausbildung von Neurosen prophylaktisch verhindern.

Spätestens seit der Bücherverbrennung im Mai 1933, bei der auch Freuds Schriften verbrannt wurden, kann von einer Vertreibung psychoanalytischer Ärzte, Psychologen und Pädagogen gesprochen werden. Die Verbreitung psychoanalytischer Pädagogik in der Zwischenkriegszeit hatte spätestens mit dem Anschluss Österreichs an das Deutsche Reich Ende der 1930er Jahre ein jähes Ende gefunden. Dies hatte weitreichende Folgen für die Theoriebildung und Entwicklung psychoanalytischer Pädagogik und führte zu einer Polarisierung zwischen psychoanalytisch-therapeutischem Handeln einerseits und pädagogischer nichtklinischer Praxis anderseits. Datler (1995a) spricht von einer weitreichenden Medizinalisierung der Psychoanalyse. Flucht und Emigration führten zum Verschwinden psychoanalytisch-pädagogischer Ansätze, nicht nur im deutschsprachigen Raum, da es vor allem im amerikanischen Exil nahezu ausschließlich im Rahmen der Medizin möglich war, Psychoanalyse zu betreiben. Auch die Sozialarbeit in den USA der 1930er Jahre war geprägt durch die Psychiatrie, zum Beispiel wurde Bruno Bettelheim 1944 die Leitung einer Chicagoer Schule für »schwer gestörte Kinder und Jugendliche« übertragen, die der Kinder- und Jugendpsychiatrie angegliedert war.

Nach Anna Freuds Emigration nach London wurde auch in Großbritannien die psychoanalytische Pädagogik zunehmend durch die Kinderanalyse abgelöst, und es erfolgte eine deutliche klinische Orientierung wie in den USA. Im Vordergrund stand auch hier die therapeutische Arbeit mit Kindern und nicht mehr primär die psychoanalytische Pädagogik (Stemmer-Lück, 2004).

Der Verlust gesellschaftskritischer Ansätze psychoanalytisch-pädagogischer Autoren im Exil führte zu einem Theoriedefizit psychoanalytisch-pädagogischer Ansätze. Wenn keine ausgearbeitete Theorie vorliegt, in der umrissen ist, wie im Rahmen von Schule, Erziehungsheim, Kindergarten etc. psychoanalytisch-pädagogisch gearbeitet werden kann, dann existiert für Pädagogen und deren Supervisoren auch kein gemeinsamer Bezugspunkt, auf den hin psychoanalytisch-pädagogische Kompetenzen gezielt gefördert werden könnten. In Supervisionsprozessen kann es zwar gelingen, dass Pädagoginnen und Pädagogen spezifische Problemsituationen psychoanalytisch reflektieren lernen, wenn aber beispielsweise ein Lehrer versuchen möchte, nach psychoanalytischen Gesichtspunkten zu arbeiten, dann bedarf es darüber hinaus komplexer praxisleitender Überlegungen, die das gesamte Spektrum schulpädagogischer Aufgabenstellungen tangieren: didaktische Fragen, methodische Fragen der Förderung sogenannter »schwieriger« oder »normaler« Schüler, die Gestaltung tragfähiger Arbeitsbeziehungen ebenso wie die Disziplinierung und Benotung oder den Bereich der Inklusion oder Integration von Flüchtlingskindern (Datler, 1995a).

Freud (1925/2005) wies bereits darauf hin, dass Psychoanalyse eine Funktion als Deutungs- und Interpretationsinstrumentarium ex post einnehme. Psychoanalytische Theorie habe eher die Funktion als hermeneutischer Schlüssel, der uns Zugang zu den »Dunkelstellen« pädagogischen Geschehens ermögliche (Fröhlich, 2015). Psychoanalytische Pädagogik wird hier als reflexive, hermeneutische Kritik pädagogischer Praxis verstanden (Datler, 1995a), erst der Vollzug pädagogischer Praxis wird damit zum Gegenstand der psychoanalytischen Supervision.

Nach 1945 traten Kinderpsychotherapie, Milieutherapie und Sozialisationsforschung das Erbe der klassischen psychoanalytischen Pädagogik an (Eggert-Schmid Noerr, 1995). Im deutschsprachigen Raum waren Hans Zulliger (Bern), Ernst Federn (Wien) und Aloys Leber (Frankfurt/Main) frühe Repräsentanten einer psychoanalytisch geprägten (Sozial-)Pädagogik, von der aber kaum Notiz genommen wurde. Andererseits sieht Shaked (2011) die deutschen Beiträge zur Psychoanalyse nach dem Zweiten Weltkrieg als dezidiert gesellschaftskritisch und bezieht sich dabei auf Arbeiten von Alexander und Margarete Mitscherlich, Horst-Eberhard Richter, Jürgen Habermas sowie Alfred Lorenzer und Hermann Argelander. Alexander Mitscherlich förderte Forschungs- und Fortbildungsaktivitäten für Lehrer, Sozialarbeiterinnen, Heilpädagogen jenseits der psychoanalytischen Therapie, begründete eine sozialwissenschaftliche, nichttherapeutische Kultur am Sigmund-Freud-Institut in Frankfurt und knüpfte so an die gesellschaftskritische Psychoanalyserezeption der Jahre vor 1945 an.

Während bei Sigmund Freud der Antagonismus von Trieb und Kultur im Strukturmodell integriert wurde, das dem Ich die Aufgabe zuweist, zu vermitteln, stand Anna Freud in der Tradition der Ich-Psychologie und einer eher konformistischen Sichtweise auf eine durchschnittlich zu erwartende Umwelt. Für Melanie Klein fand der Konflikt zwischen innen und außen ganz in der Innenwelt statt, zwischen den verschiedenen guten und bösen internalisierten Objekten und Teilobjekten (Shaked, 2011). Daher war für Melanie Klein die äußere Welt wesentlich ein Spiegel der inneren. Die Beschäftigung mit der realen äußeren Welt blieb im Hintergrund. Die Weiterentwicklungen der psychoanalytischen Objektbeziehungstheorie, unter anderem durch Vertreter der »Middle Group«, wurden dann zu einer grundsätzlich sozialen psychoanalytischen Theorie, einer Theorie menschlicher Beziehungen. »Die Losung der Objektbeziehungstheorie gab Fairbairn aus, als er erklärte, das Ich suche nicht Triebbefriedigung, sondern das Objekt und die Objektbeziehung. Demnach kann die

Natur des Menschen nicht über eine, wie immer geartete, Dominanz sexueller oder aggressiver Triebe definiert werden, sondern allein über die soziale Beziehung einer Person zu einer anderen« (Shaked, 2011, S. 142). Mit dem Perspektivenwechsel von einer biologisch angelegten Trieb- und Strukturtheorie zu einer Theorie der Sozialisation und Inkulturation rücken konsequenterweise nicht bloß die Objektbeziehungen des Kleinkindes, sondern auch die soziale Umwelt in den Blick. Dies waren notwendige theoretische Voraussetzungen für die Beschäftigung mit Beziehungen als strukturbildende Elemente (die Psyche als Niederschlag verinnerlichter Beziehungserfahrungen) und die Fokussierung auf das Hier und Jetzt der aktuellen Interaktion.

Kritisch kann man anmerken: Weder die »Ein-Personen-Psychologie« Freuds noch die Ich-Psychologie konzeptualisierten die Zusammenhänge zwischen (realer) sozialer Umwelt und inneren Repräsentanzen ausreichend. Erst mit der psychoanalytischen Objektbeziehungstheorie und der konstruktivistischen Perspektive innerhalb der Psychoanalyse (z. B. szenisches Verstehen) sind die theoretischen Voraussetzungen geschaffen, psychoanalytische Pädagogik und Beziehungsgestaltung in der Sozialen Arbeit neu zu formulieren.

Mit der 1968er Studentenbewegung wurde die Psychoanalyse von den Pädagogen wieder neu entdeckt. Sie bezogen sich unter anderem auf Siegfried Bernfeld und Wilhelm Reich. Daneben versuchte man im Rahmen der Kinderladenbewegung, eine weitgehend repressionsfreie Erziehung auf der Basis der Psychoanalyse zu begründen. Datler (1995b) kommt jedoch zu der ernüchternden Einschätzung, dass diese Bewegung eher von antiautoritär gesonnenen Erziehern und Studenten getragen wurde, die einem naiven Konzept der Triebbefriedigung folgten, von dem sie sich eine Befreiung von gesellschaftlichen Zwängen erhofften. Diese Anliegen konnten zu keiner unmittelbaren Weiterentwicklung psychoanalytischer Pädagogik führen.

Die Entwicklung psychoanalytischer Pädagogik der Nachkriegszeit bis zum Beginn der 1970er Jahre zeichnet Kutter (1974, S. 5) wie folgt nach: »Die Fachvertreter von Medizin, Psychologie, Pädagogik, Politikwissenschaft und Sozialarbeit verhalten sich in ihrer Mehrheit der

Psychoanalyse gegenüber gleichgültig bis ablehnend«. Es fehle eine speziell auf die Belange der Sozialarbeit und Sozialpädagogik zugeschnittene Methodenlehre. Kutter versucht daraufhin, Möglichkeiten und Grenzen einer Anwendung der Psychoanalyse auf Sozialarbeit und Sozialpädagogik abzustecken, und differenziert drei Ansätze: zunächst eine psychoanalytisch konzipierte Sozialpädagogik und Sozialarbeit, diese existiere höchstens für den Bereich der Einzelfallhilfe. Zweitens: Psychoanalyse als Hilfswissenschaft für besondere Fragestellungen, diese sei jedoch kaum gefragt; und schließlich Psychoanalyse als integrierender Bestandteil der Sozialarbeit neben Ökonomik, Soziologie und Pädagogik. Jedoch resümiert Kutter: »In Berlin suchte die Mehrzahl der Studierenden eine marxistische Sozialarbeit und Sozialpädagogik zu verwirklichen, während die Lehrkräfte überzeugt waren, daß ihr psychoanalytisches Konzept es wert sei, in der Ausbildung angewandt zu werden. Zu einer Synthese beider Ansätze ist es nicht gekommen« (1974, S. 98).

Nach 1968 nahm die Institutionalisierung psychoanalytischer Pädagogik und die Zahl der Publikationen zum Verhältnis Psychoanalyse und Pädagogik kontinuierlich zu.[1] Dies führte zu einer Neubestimmung des Verhältnisses zwischen Psychoanalyse und Pädagogik, auch wenn seitdem weitgehende Konsenslosigkeit vorherrsche (Datler, Fürstaller u. Wininger, 2015). Trescher (1995) sowie Datler (1995a) betonten selbstbewusst, dass psychoanalytisch-therapeutische Praxis nur *eine* von mehreren Möglichkeiten der psychoanalytischen Praxisgestaltung darstelle, und forderten, dass verstärkt an psychoanalytischen Theorien des pädagogischen Handelns in pädagogischen und sozialpädagogischen Feldern gearbeitet werden müsse. Psychoanalytisch-therapeutisches Handeln gilt hier als Spezialfall von psy-

---

1 Z.B. gründeten sich Anfang der 1980er Jahre der Frankfurter Arbeitskreis für Psychoanalytische Pädagogik sowie der Verein für Psychoanalytische Sozialarbeit e.V. Rottenburg und die DGfE-Kommission Psychoanalytische Pädagogik (1987). Es erschienen vermehrt einschlägige Publikationsorgane, wie das Jahrbuch für Psychoanalytische Pädagogik (Datler, Fürstaller u. Wininger, 2015), die die Institutionalisierung psychoanalytischer Pädagogik unterstützten.

choanalytisch orientierter Praxisgestaltung, daher sei es nötig, aus psychoanalytischer Sicht »feldentsprechende« Methoden auszuarbeiten, nach denen in nichtklinischen, pädagogischen Arbeitsbereichen gehandelt werden kann (Bittner, 1973).

1.1 Szenisches Verstehen und der fördernde Dialog

Nehmen wir Hans-Georg Trescher als Repräsentanten einer »Renaissance der psychoanalytischen Pädagogik« in den 1980er Jahren, dann können wir an diesem Beispiel zeigen, wie Veränderungen in der (Meta-)Theorie der Psychoanalyse neue Zugänge zu pädagogischen und sozialpädagogischen Handlungsfeldern eröffnen. Ausgehend von Lorenzers kritischer Psychoanalysekonzeption wandten Leber und Trescher die Methode des »szenischen Verstehens« konsequent auf die Beziehungsgestaltung in der Pädagogik und Heilpädagogik an. Daher konzeptualisierte Trescher (1995) die Aus- und Weiterbildung in psychoanalytischer Pädagogik neu. Das Sozialpädagogikstudium sollte psychoanalytische Grundlagen in enger Verknüpfung von Fallreflexion, Gruppenprozessreflexion und Prozessdokumentation vermitteln (Eggert-Schmid Noerr, 1995, S. 10). Kern des von ihm konzipierten Studienschwerpunktes war eine psychoanalytische Supervisionsgruppe.[2]

Im szenischen Verstehen wird intuitiv eine Gestalt erschlossen. Übertragungsangebote und Gegenübertragungsreaktionen bilden eine »Szene« (hier und jetzt), die unbewusst auf ein anderes Geschehen (dort und damals) verweist (Wolf, 2000). Subjektivität ist szenisch organisiert und hermeneutisch erschließbar. Es geht darum, äußerlich sichtbares Verhalten als Ausdruck der inneren Lebenswelt einer

---

2 »Die Präsentation dieses Ausbildungskonzeptes fand beispielsweise an der Universität Wien oder in der Arbeitsgruppe Pädagogik und Psychoanalyse der Deutschen Gesellschaft für Erziehungswissenschaften einige Beachtung und macht die Evangelische Fachhochschule Darmstadt in einschlägigen Kreisen weithin bekannt« (Datler, 1995b, S. 37).

Person zu begreifen. Das ist ohne einen bewusst gesetzten Deutungsrahmen nicht möglich. Es geht also nicht um das sprachliche oder logische Verstehen, sondern darum, den Sinn einer Handlung oder eines Verhaltens herauszuarbeiten, der interpretativ erschlossen werden muss. Der inhärente Sinn ist in der Regel weitgehend individuell; weitgehend, weil kulturelle und gesellschaftliche Wahrnehmungsmuster prägen und Spuren hinterlassen. Von daher sind Deutungsfolien auch gesellschaftlich vorgegeben. Denn die Wahrnehmung und damit auch das Verstehen von Welt und Menschen werden von milieuspezifischen Einstellungen und Lebensformen entscheidend mitgeprägt.

Szenen sind einzelne Erzählungen, die zu einem Ganzen gehören. Es ergibt sich so ein Zirkel: Das Einzelne erschließt sich aus dem Ganzen, das Ganze aus dem Einzelnen. Es ist also möglich, mit dem Verstehen des »Ganzen« zu beginnen und im Rahmen des Ganzen den Stellenwert einer Szene herauszuarbeiten, oder – wie in der Pädagogik, Psychotherapie oder Supervision – mit einer Szene oder mit mehreren Szenen zu beginnen und das »Ganze« aus diesen Szenen abzuleiten.

Lorenzer (1973b) hat das »szenische Verstehen« im Rahmen seiner psychoanalytischen Metatheorie entwickelt. Seine Theorie der Interaktionsformen beschreibt, wie aus den leiblichen Prozessen der Bedürfnisbefriedigung im sozialen Zusammenspiel der frühen Kindheit für die Persönlichkeit formbildende Interaktionsmuster entstehen. Diese werden in Sprache symbolisiert, in ein Netz allgemeiner Regeln eingebunden (und damit vergesellschaftet) und der Reflexion zugänglich. Kommt es nicht zur Verbindung zwischen Verhaltensentwurf und Sprache oder wird diese Verbindung später im Konflikt zerstört, entstehen neurotische Deformationen, deren Sinn der Analytiker im szenischen Verstehen erfassen und bearbeiten kann.

Auch wenn das Verständnis der Szene und psychotherapeutische Interventionen ähnlich sind, geschieht die Arbeit mit dem szenischen Verstehen hier nicht für die Therapie oder Krankenbehandlung, sondern zur Entwicklungsförderung und zur Dechiffrierung komplexer psychischer und sozialer Notlagen oder zur Supervision (Schnelzer, 2015). In den Hilfen zur Erziehung, etwa in der Heimerziehung oder

Erziehungsberatung, wird psychodynamisches Verstehen nicht als Heilkunde angewandt, sondern zur Förderung der seelischen und sozialen Entwicklung von Kindern im Rahmen der Kinder- und Jugendhilfe (Menne, 2015).

Trescher stellt der Deutung in der psychoanalytischen Behandlung den »fördernden Dialog« in der Pädagogik entgegen, ein Konzept, das von Aloys Leber stammt. Der fördernde Dialog setzt sich zusammen aus »Halten« und »Zumuten«. Diese beiden Begriffe werden oft als widersprüchliche Bestandteile pädagogischer Intervention verstanden. »Halten« ist die Haltung, mit der der Pädagoge das Kind bzw. den Jugendlichen in seinen Emotionen aushält und ihm, bei allen Problemen, die daraus entstehen können, Geborgenheit und Akzeptanz vermittelt. Das Kind signalisiert – wie angemessen oder auch nicht – seine Bedürfnisse, auf die der Pädagoge, die Pädagogin eingehen kann. Die Kunst des Pädagogen besteht aber nicht in der gewährenden Reaktion, sondern in der reflektierten Reaktion, in der Deutung der Szene und in der Deutung der Beziehung. Seine Reaktion kann auch ein »Zumuten« sein – sei es aus überlegter Strategie heraus, sei es als Fehlinterpretation. Daraus sollte sich ein Dialog entspinnen, der beide Beteiligten weiterführt. Entstehen kann aus diesem »Zumuten« aber auch eine frustrierende Situation für das Kind, die die Pädagogin oder der Pädagoge zu verantworten hat. Im besten Fall dient »verantwortete« Frustration den anstehenden Entwicklungsschritten des Kindes, eine Haltung, die dem Kind etwas zumutet und damit Grenzen setzt.

Ein weiterer zentraler Begriff in der psychoanalytischen Pädagogik der 1990er Jahre ist der Begriff des »Holding«. Hans-Georg Trescher und Urte Finger-Trescher (1992) stellen die Funktion des Holding in einen gesellschaftlichen Kontext. Durch gesellschaftliche Veränderungen und das Zurücktreten der klassischen Konfliktkonstellationen, wie zum Beispiel der ödipalen Konfliktsituation, komme es zu einer Zunahme struktureller Defizite. Der Verlust oder die Aufweichung klarer äußerer Strukturen führten zu einer (überfordernden) Individualisierungsnotwendigkeit. Die gesellschaftlich bedingte strukturelle, narzisstische Problematik gehe einher mit der Beschädigung eines realistischen Selbstwertgefühls und mache Platz für nicht adäquate Selbsteinschätzungen mit fragilen Affekten und ihren nicht steuerbaren Durchbrüchen. Die Qualität der Beziehungen – sowohl in der Familie als auch in der Pädagogik – entscheide, ob aus den gegenwärtigen gesellschaftlichen Strukturen traumatisierende oder förderliche Prozesse entstehen. Daher komme einer haltgebenden Umwelt eine große Bedeutung zu. Diese Bedeutung komme insbesondere Organisationen zu wie etwa der Schule oder der Sozialen Arbeit. Das Ziel sei es, durch kalkulierbare und stabile Strukturen und Interaktionsprozesse innere belastbare Strukturen aufzubauen und damit die Selbststeuerung zu fördern. Die strukturbezogene Pädagogik greift diesen Faden ein Jahrzehnt später wieder auf.

1.2 Psychoanalytische Forschung

Während die frühen Psychoanalytiker ihre Erkenntnisse aus der Therapie erwachsener Patientinnen und Patienten gewannen und daraus Rückschlüsse auf die kindliche Entwicklung zogen, konnten psychoanalytische Pädagogen bei der Ausarbeitung der Theorien auf Erfahrungen in der Arbeit mit Kindern und Jugendlichen selbst zurückgreifen. Zunächst unsystematisch, spätestens aber seit der Gründung der »Jackson Day Nursery« 1937 in Wien durch Anna Freud und Dorothy T. Burlingham wurden die Beobachtungen von Kleinkindern systematisch dokumentiert (Wininger, Datler u. Dörr, 2013). Dies wurde zum Beispiel durch René Spitz, Margaret Mahler und viele andere zu einer psychoanalytischen Forschungstradition weiterentwickelt. Filmische Dokumentationen, ethnografische Beobachtungen, Fallverlaufsanalysen oder Interviews bildeten einen methodischen Kanon, um eine Theorie frühkindlicher Entwicklung durch Primärdaten zu entwickeln. Kaum eine andere Disziplin hat über einen so langen Zeitraum eine vergleichbare Dichte an Publikationen zur frühen Entwicklung von Kindern hervorgebracht wie die Psychoanalyse (Wininger et al.,

2013, S. 9). Auch hermeneutische Forschungsansätze, beispielsweise zum szenischen Verstehen, wurden in vielen Feldern eingesetzt und unter anderem von der interaktionistischen Soziologie aufgegriffen (Goffman, 1991), oder sie dienen als Instrument der Sozialforschung (Wolf, 2000).

Psychoanalytische Veröffentlichungen werden nicht nur innerhalb der Pädagogik aufmerksam aufgenommen, sondern das Theoriesystem Psychoanalyse wird als »empirische Großtheorie« gesehen (Datler u. Wininger, 2010, S. 717), das heißt, auf der Basis eines Systems an Kernaussagen ist über ein verzweigtes Netz an Wissenschaftlern und Wissenschaftlerinnen über Generationen hinweg Wissen zusammengetragen worden, das über die eigene Disziplin hinaus in anderen Wissenschaftsgebieten rezipiert und kommentiert wurde. So haben neurowissenschaftliche und entwicklungspsychologische Forschung (z. B. im Mentalisierungsansatz) ebenso wie gesellschaftspolitische Diskurse, etwa über die frühe außerfamiliäre Betreuung, zu einer erneuten intensiven Auseinandersetzung mit psychoanalytischen Theorien zur kindlichen Entwicklung geführt (Wininger et al., 2013).

2 Die Bedeutung des »sozialen Ortes«

Der Begriff des »sozialen Ortes« wurde schon 1925 von Siegfried Bernfeld in die psychoanalytische Pädagogik eingeführt. Für ihn stand dieser Begriff für die historische und soziale Determiniertheit von menschlichem Handeln

Der französische Soziologe Pierre Bourdieu hat den »sozialen Raum« weiter präzisiert und viele Impulse für die Soziale Arbeit geliefert. Mit dem Habitus-Begriff als zentraler Kategorie wird der Versuch unternommen, die Wahrnehmungen und Handlungsmöglichkeiten des Menschen als vergesellschaftetes Subjekt zu analysieren. Menschen werden nicht Mitglieder einer Gesellschaft, sondern sie *sind* es von Geburt an. Menschen sind mit der Geburt in soziale Zusammenhänge eingebunden, sie sind in Dialoge, Kommunikation und Interaktion einbezogen. »Der Habitus ist nicht angeboren, er ist erworben, bildet sich von früher Kindheit an in der Auseinandersetzung mit der Welt, in der Interaktion mit anderen aus« (Krais u. Gebauer, 2002, S. 61). Der Habitus eines Menschen ist also das Ergebnis eines lebenslangen Sozialisations- und Lernprozesses, in welchem sich der Mensch die Welt aktiv aneignet und die sozialen Regeln und das für ihn relevante gesellschaftliche Wissen verinnerlicht. Diese Aneignung geschieht in der Regel unreflektiert, durch Interaktion und Übernahme bestimmter Symbole. Durch den Habitus ist somit ein Stück gesellschaftliche Struktur verinnerlicht. Das Subjekt verhält sich aufgrund seiner klassenspezifischen Sozialisation und Prägung seinem klassenspezifischen Milieu angemessen, hält damit aber auch gleichzeitig die Klassenunterschiede und -trennungen weiter aufrecht. Über den Habitus werden die sozialen Verhältnisse und die soziale

Struktur permanent reproduziert – er ist also ein generatives Prinzip der Gesellschaft.

Mit dem Habitus sind daher immer auch die gesellschaftlichen Bereiche mitzudenken, die Bourdieu als Felder bezeichnet, die in ihrer Gesamtheit den sozialen Raum konstituieren (Bourdieu, 2005). Soziale Felder als gesellschaftliche Bereiche werden in diesem Sinne als Relationen, das heißt als Verhältnisse, verstanden. Jeweils in Abhängigkeit vom Gegenstand unterscheidet Bourdieu zwischen den Feldern, beispielsweise zwischen dem Feld der Wissenschaft, der Bildung, der Schule oder der Familie. Die Verhältnisse zwischen den Feldern in ihrer Gesamtheit bezeichnet Bourdieu als sozialen Raum. Jedes soziale Feld hat eigene (Spiel-)Regeln, an denen sich die im Feld agierenden Akteure und Gruppen orientieren. Bourdieu nutzt in diesem Zusammenhang die Metapher des Spiels, um die Dynamik zwischen Akteuren oder Gruppen zu veranschaulichen. Deutlich wird, dass Bourdieu das soziale Feld als ein Kampf- und Kraftfeld charakterisiert, in dem zwischen Akteuren und Gruppen um Macht, Positionen und Ansehen gerungen wird. Bourdieu unterscheidet verschiedene Kapitalformen, die als Ressourcen in diesem »Spiel« eingesetzt werden, etwa ökonomisches Kapital (materielle Ressourcen), kulturelles Kapital (z. B. Bildung), soziales Kapital (soziale Beziehungen) und symbolisches Kapital (Sozialprestige, Ansehen). Diese Kapitalformen sind innerhalb der Gesellschaft ungleich verteilt. Menschen haben somit unterschiedlichen Einfluss auf gesellschaftliche Entscheidungs- und Gestaltungsprozesse. Die Kapitalformen positionieren Individuen und Institutionen zueinander, woraus sich Milieus herausbilden. Diese Ebenen werden in der sozialpädagogischen Fallarbeit und Supervision ebenso differenziert und reflektiert wie die psychodynamischen Aspekte.

Aus der psychoanalytischen Perspektive können hier wichtige Aspekte beigetragen werden. Eine Reihe psychoanalytischer Autoren, insbesondere Objektbeziehungstheoretiker und -theoretikerinnen, entwickelten Modelle der (frühen) Austauschprozesse zwischen Kind und Umwelt. Sie beschreiben für den familiären Nahraum die

Interaktionsprozesse und die Internalisierung von Beziehungserfahrungen (z. B. Bion, Winnicott, Laplanche oder später Fonagy und Target). Auch Mario Erdheim (1994) analysiert die innerpsychischen Auswirkungen gesellschaftlicher und sozialer Prozesse, geht aber über den familiären Nahraum hinaus. Die herrschenden sozialen Verhältnisse zwingen das Individuum, auf seine Wünsche zu verzichten und, statt sie zu realisieren, unbewusst zu machen. Das gesellschaftliche Unbewusste gilt als jener Teil des Unbewussten eines Individuums, den es gemeinsam mit der Mehrzahl der Angehörigen seiner sozialen Klasse hat. Unbewusst muss all das werden, was die Stabilität der Kultur, vor allem der Herrschaftsstruktur, bedroht. »Das gesellschaftliche Unbewusste ist gleichsam ein Behälter, der all die Wahrnehmungen, Phantasien, Triebimpulse aufnehmen muss, die das Individuum in Opposition zu den Interessen der Herrschaft bringen könnten. Diese Produktion von Unbewusstheit muss gesellschaftlich organisiert werden, und der Ort, wo sie stattfindet, ist nicht so sehr die Familie, sondern es sind jene Institutionen, die das öffentliche und alltägliche Leben regulieren: die Schule, ebenso wie die Fabrik, das Gefängnis und das Fernsehen, die Politik und die Religion« (Erdheim, 1994, S. 275).

Die Praxis sozialer Arbeit ist also in den gesellschaftlichen Problemfeldern angesiedelt, wo alltägliche Kränkungen und Aggressionen (Erdheim) oder Machtspiele (Bourdieu) auftreten. Sozialarbeiterinnen und Sozialarbeiter arbeiten in der Regel dort, »wo ihre Klienten leiden oder wo sie stören« (Hackewitz, 1990, S. 22). Die Chancen, sein »eigener Herrscher« zu sein, Gestaltungsmöglichkeiten, Ressourcen und Gesundheitsrisiken sind in der Gesellschaft ungleich verteilt, der soziale Status und das Geschlecht spielen dabei eine bedeutsame Rolle. Judith Baer et al. (Baer, King u. Wilkenfeld, 2012) fanden in ihrer Langzeitstudie heraus, dass die ärmsten Mütter signifikant häufiger eine Angststörung diagnostiziert bekamen, da sie wesentlich öfter von Angst betroffen waren, etwa ausgeprägtem Sichsorgen, Schlafstörungen oder Ruhelosigkeit. Die Angstsymptome könnten durch die prekären Lebensverhältnisse bedingt sein, so die Autorin, dann wäre es nicht angemessen, Frauen, die auf ein Leben in Armut mit Stress reagieren, zusätzlich mit dem Stigma einer psychiatrischen Diagnose zu belegen. Oder andersherum betrachtet: Ist die psychoanalytische Behandlung einer Angststörung bei Menschen in prekären Lebenslagen ausreichend? Wie sind intrapsychische Prozesse zu gewichten, im Vergleich zu den existenziellen Lebensbedingungen?

Gegenstand Sozialer Arbeit sind also soziale Probleme, die bei Individuen, Familien oder Gruppen beobachtet werden, aber nicht allein durch die Individuen produziert sind, sondern durch strukturelle Dynamiken der Gesellschaft entstehen. Im Fall der Individuen – oder Familien – beziehen sich diese Probleme auf soziale und kulturelle Barrieren oder strukturell begrenzte Teilhabechancen. Oft genug erschweren oder verunmöglichen es diese Strukturen und Zugangsmöglichkeiten, die individuellen (oder familiären) Bedürfnisse zu befriedigen.

2.1 Lebenswelt

Das Konzept »Lebenswelt« hat sich in der Sozialen Arbeit zu einem Paradigma mit großer Bedeutung entwickelt. Wegweisend ist hier Hans Thiersch (1992), für den der Alltag der Schnittpunkt gesellschaftlicher Strukturen und individueller Biografien ist. Die in den Widersprüchen der modernen Gesellschaft angelegten Konflikte, Sinnverlust, Enttäuschungen, Scheitern usw. zeigen sich unmittelbar im Alltag der Betroffenen. Alfred Schütz (1932) kommt zu dem Schluss, dieser Alltag sei nur zu einem Teil zweckrational, zu einem anderen, bedeutsamen Teil Sinngebung. Das bedeutet, dass der Mensch seine Umgebung nach einem Muster deutet und nach einer Ordnung, die für ihn stimmig ist. Dieses Deutungsmuster gibt ihm Sicherheit. Deutungsmuster der sozialen Welt sind identitätsstiftend und werden – vermutlich aus Angst – stabilisiert.

Beratung im Kontext Sozialer Arbeit ist nach Thiersch (1992) im Kern alltagsorientierte (pädagogische) Beratung und fokussiert auf die Lebenswelt der Klienten. Der Schwerpunkt der Sozialen Arbeit liegt dabei auf Krisensituationen von Menschen, die aus persönlichen Gründen, aufgrund mangelnder Kompetenzen oder unzureichender Ressourcen mit den an sie und an ihr Leben gestellten gesellschaftlichen Anforderungen in einem oder mehreren Bereichen nicht klarkommen. Sie verstoßen sozusagen gegen die Norm einer »vernünftigen Lebensbewältigung«, halten übliche Formen des Zusammenlebens nicht ein, erfüllen Standards nicht, etwa Standards des Sorgens und Versorgens in der Familie oder des Handelns in gesellschaftlich geforderten Handlungsbereichen, wie zum Beispiel Gelderwerb durch Berufstätigkeit, die wir als üblich, als verbindlich und als »normal« anerkennen.

Im Vergleich zur Psychotherapie oder den Akteuren im Gesundheitswesen, die sich auf die implizite oder explizite Heilungsabsicht oder Linderung berufen können, ist die Begründung für den Eingriff der Sozialen Arbeit in die Lebensbereiche ihrer Klienten und Klientinnen schwieriger. Dabei stellt sich die Frage: Wer darf aufgrund welcher Überlegungen oder Gesetze regulierend oder gar sanktionierend in das Leben anderer eingreifen?

Mit dem Konzept einer »advokatorischen Ethik« schafft Micha Brumlik (2004) einen Rahmen für die Begründung und Rechtfertigung von pädagogischem Handeln in der Sozialen Arbeit. Ausgehend von unterschiedlichen Kategorien der Mündigkeit begründet er, wie sich Eingriffe in das Leben von Menschen – manchmal ohne ihr Wissen oder sogar gegen ihren Willen – unter Berufung auf ihr eigenes Interesse und Wohlergehen begründen und rechtfertigen lassen. Der Ausgangspunkt der advokatorischen Ethik ist die Nichtreziprozität von Beziehungen, die Asymmetrie von Beziehungen. Sie ist in Alltagssituationen der Familie zu finden, aber auch in professionellen Beziehungen, etwa bei geistig oder psychisch behinderten Menschen, und eben auch in Beratungsbeziehungen. Dann muss geklärt werden, in welchem gesetzlichen Rahmen und unter welchen ethischen Bedingungen Menschen bevormundet werden können oder gar müssen; ob und wie stellvertretend in ihrem Namen oder gar gegen ihren Willen für sie (oder gegen sie) gehandelt werden darf. Die Unfähigkeit anderer erlaubt es, ja kann Professionelle dazu verpflichten, sich nicht von der Einsicht der Klienten, sondern von einer übergeordneten Einsicht und Entscheidung leiten zu lassen und zu »intervenieren«. Eine advokatorische Ethik benötigt also Argumente, mit denen man über die Lebenswege von anderen Menschen bestimmen kann, die selbst de facto oder de jure nicht mündig sind, sei es im juristischen oder psychologischen Sinne.

Das sind sehr sensible Debatten. Es gibt oft keine klaren und eindeutigen Kriterien, sondern nur Entscheidungsspielräume, die bewertet werden müssen. Die advokatorische Ethik beschäftigt sich ganz spezifisch mit der Frage, mit welchem Recht und nach welchen Kriterien über die Lebenswege von Menschen verfügt werden darf, die einen anderen artikulierten Willen haben als den, den die Beraterin oder der Berater sieht. Im Bewusstsein der Gefahr, dass normative Vorgaben als Instrumente der Wahrung und Sicherung von Herrschaftsinteressen eingesetzt werden können, vertritt Brumlik (2004) den Standpunkt, dass Pädagogik ohne wertende Begriffe und Ziele nicht auskomme, betont jedoch die Wichtigkeit einer kritischen Prüfung und rationalen Begründung dieser Vorgaben.

2.2 Milieus

Lange hat in der Sozialen Arbeit die schichtspezifische Sozialisation eine große Rolle gespielt. Die Beschreibungen waren aber grob und undifferenziert. Heute sprechen wir kaum mehr von schichtspezifischer Sozialisation, sondern von Milieus. Milieus versuchen nicht nur, die vertikale Schichtung in der Gesellschaft anhand bestimmter Indikatoren (meist Einkommen, Bildung und Sozialprestige) abzubilden, sondern ergänzen das Schichtmodell um Lebensstile und Grundhaltungen. Lebensstile bezeichnen ästhetisch-expressive Muster der alltäglichen Lebensführung von Personen und Gruppen, die in einem bestimmten Habitus und einem strukturierten Set von Konsumpräferenzen, Verhaltensweisen und Geschmacksurteilen zum Ausdruck kommen. Da die Soziologie nicht an individuellen Mustern der Lebensführung interessiert ist, sondern an Lebensstilen, die in der Gesellschaft verbreitet sind und von vielen Menschen geteilt werden, muss sie die nahezu unendliche individuelle Vielfalt der Lebensstile zu Typen zu bündeln. Unterschiede im Lebensstil hängen jedoch stark mit Unterschieden in den objektiven Lebensumständen zusammen.

Ein Milieu beschreibt Gruppen von Menschen, die sich in ihrer Lebensauffassung und Lebensweise ähneln, deren Wertorientierungen zu ähnlichen Einstellungen etwa zu Arbeit, Familie, Freizeit, Geld oder Konsum führen. Diejenigen, die dem gleichen sozialen Milieu angehören, interpretieren und gestalten ihre Umwelt in ähnlicher Weise und unterscheiden sich dadurch von anderen sozialen Milieus (Hradil, 2001). Für die Soziale Arbeit ist das »prekäre Milieu« der Sinus-Studien besonders bedeutsam (ca. 9 % der Bevölkerung). Ohne eine Traditionsverwurzelung gilt eine gemeinsame Grundorientierung, die am Lebensstandard, Status und Besitz der Mittelschicht, an Selbstverwirklichung und Individualisierung orientiert ist. Angesichts dieser Zielorientierung und prekärer Arbeits- und Lebensbedingungen stehen diese Menschen aber als Verlierer da. Sie sind bemüht, Anschluss zu halten an die Konsumstandards der breiten Mitte als Kompensationsversuch sozialer Benachteiligungen. Das Teilhabe und Orientierung suchende prekäre Milieu ist gekennzeichnet durch starke Zukunftsängste und Ressentiments. Diese Gruppe hat geringe Aufstiegsperspektiven und oft eine delegative bzw. fatalistische Grundhaltung oder zieht sich ins eigene soziale Umfeld zurück (sinus, 2013, www.sinus-institut.de/loesungen/).

3 Beratungsanlässe in der Sozialen Arbeit

Nun ist Soziale Arbeit nicht nur mit den sozialen Problemen ihrer Klientinnen und Klienten befasst, sondern auch mit den damit verbundenen psychischen Problemen. Die sich immer weiter differenzierenden Handlungsfelder Sozialer Arbeit (Frauenhaus, Wohnungslosenhilfe, Streetwork, Jugendarbeit u. v. m.) sind durch die Erfahrungen der Menschen mit sozialer Benachteiligung gekennzeichnet. Letztere wirkt sich auch auf psychisches Erleben und Strategien der Belastungsbewältigung aus (Nickel u. Egle, 2006). Fatalistische Kontrollüberzeugungen erklären den Zusammenhang zwischen niedriger sozialer Stellung und schlechter Gesundheit am besten. Sie sind als kritische Komponenten einer hohen Stressbelastung zu betrachten (Bosma, 2008). Ein Gefühl von Machtlosigkeit und Fatalismus erwächst aus dem Unvermögen, selbst gesteckte Ziele zu erreichen, aus unzureichenden Ressourcen und Chancen, aus Jobs, die keine Entscheidungsfreiheiten zulassen. Aus dem Erleben sozialer Benachteiligung entstehen dann negative soziale Emotionen wie Angst, Wut oder Enttäuschung; diese stellen mächtige Stressoren dar, die in der Lebenswelt sozial benachteiligter Bevölkerungsgruppen besondere Bedeutung haben (Siegrist u. Marmot, 2008). Existenziell schwierige Lebenslagen sind dabei oft eine Kumulation von wirtschaftlichen, psychischen und sozialen Konflikten und werden abhängig vom gesellschaftlichen Kontext unterschiedlich gedeutet. Die Grenze zwischen sozialen Notlagen und psychischen Problemen ist also fließend (Baer, King u. Wilkenfeld, 2012).

Neuere Ansätze in der Gesundheitsforschung (z. B. Seiffge-Krenke u. Lohaus, 2007; Hurrelmann, Bauer u. Bittlingmayer, 2009) oder in der Psychosomatischen Medizin (Egle, 2015) sehen die Stressverarbeitung als wichtigen Moderator zwischen Kindheitsbelastungen, Armut oder Deprivation einerseits und psychischer Gesundheit andererseits. In diesem Stress-Vulnerabilitäts-Modell werden aktuelle Lebensbedingungen wie Armut oder Arbeitslosigkeit als chronische soziale Stressoren verstanden. Häufige Erkrankungen wie Depression, Angststörungen oder Herz-Kreislauf-Erkrankungen können als »Endstrecke« dieser chronischen psychosozialen Stresseinwirkung gesehen werden (Siegrist u. Theorell, 2008).

Nehmen wir als Ausgangspunkt die Aussage von Spangenberg (1996), dass in der Sozialen Arbeit die Krisenintervention die »Normalversorgung« darstelle. Menschen in prekären Lebenslagen und existenziellen Krisen erleben ihre Sorgen und Nöte, soziale Not oder seelisches Leiden im Hier und Jetzt (z. B. drohende Wohnungslosigkeit, Überschuldung oder Arbeitslosigkeit). Sie stehen in einem Kampf um die Zukunft, in dem Erleben, wenig Einfluss auf die Rahmenbedingungen ihres seelischen und sozialen Wohlbefindens zu haben, und sie leiden oftmals unter einer traumatischen Vergangenheit. Unter diesem Druck versagt häufig die Sprache zur Verständigung über aktuelle Gefühle und Bedürfnisse. »Stehen zwei Partner unter starkem Bedürfnisdruck, dann sind sprachliche Äußerungen von Interessen nicht ultimativ genug, um deren Durchsetzung um jeden Preis zu garantieren« (Spangenberg, 1996, S. 211). Affektregulierung, Mentalisierung sowie die Bereitschaft und das Vertrauen, die Perspektive des Anderen probehalber zu übernehmen, sind Voraussetzungen erfolgreicher sprachlicher Verständigung, stehen aber genau in diesen Stresssituationen nicht zur Verfügung. Bei ausgeprägter wechselseitiger Misstrauenshaltung bilden sich – so könne man in Unterschichtfamilien häufig beobachten – zunehmend Zonen des Verstummens über existenzielle Konflikte aus (S. 211).

Ein weiteres universelles Verständigungsmedium ist das Geld, weil sich im Umgang mit Geld Misstrauen, Vertrauen, Neid, Zuwendung, Abwendung, Verzicht, Opfer, aber auch Verschwendung oder Rausch ausdrücken und regulieren lassen. Bei Ausbreitung sprachlich »stummer Zonen« wird die Intimitätsregulation mehr und mehr monetarisiert. Zwei illusionäre Verkennungen der Problematik sind dann häufig bei den professionell Helfenden zu beobachten: die materialistische Illusion, durch geeignete finanzielle Unterstützung könne ausreichend geholfen werden; zum anderen die therapeutische Illusion, durch Aufdeckung der zugrunde liegenden Psychodynamik könne die Krise gelöst werden (Spangenberg, 1996).

4 Supervision und Soziale Arbeit in Organisationen

Die Unterstützungs-, Beratungs- und Bildungsangebote Sozialer Arbeit werden in der Regel von Organisationen erbracht. Soziale Arbeit orientiert sich meist an dem Konzept der Lebensweltorientierung. Im Fokus der lebensweltorientierten Sozialen Arbeit stehen die Bewältigungsmöglichkeiten von Alltagserfahrungen und die Förderung von Ressourcen (Thiersch, 2002). Eine kritische Betrachtung der Umsetzung dieses Konzeptes zeigt, dass die Alltagserfahrungen der Adressatinnen und Adressaten und die professionellen Angebote nicht »bruchlos« ineinander aufgehen (Thiersch, 2002, S. 14). Zum einen wird daher der Ausbau institutioneller Unterstützungsangebote gefordert, damit ausreichend Ressourcen, Raum und Zeit zur Verfügung stehen, um den Adressaten und ihren Konflikten adäquat begegnen zu können. Zum anderen müsse den Institutionen bewusst sein, dass sie aufgrund ihrer standardisierten Methoden eine Tendenz zur »systemischen Schließung« haben (Thiersch u. Böhnisch, 2014, 27). Sie stehen im strukturellen Widerspruch zur Lebensweltlichkeit von Erfahrungen, da die Erfahrung der Lebenswelt individuell ist, die institutionellen und professionellen Hilfsmaßnahmen jedoch vorgegeben sind. Daher müsse die Institution bereit sein, ihre Strukturen aufzubrechen und sich den individuellen Lebenswirklichkeiten der Adressaten anzunehmen. Gleichzeitig erfordert dies von den Adressatinnen und Adressaten, die institutionellen und professionellen Methoden anzunehmen. Anders ausgedrückt: Beide Seiten sind aufgefordert zur Perspektivenübernahme und Mentalisierung. Diese Perspektivenübernahme von beiden Seiten ist für Thiersch und Böhnisch jedoch selten gegeben, was die Umsetzung des Konzepts der Lebensweltorientierung als Konfliktparadigma erscheinen lässt (Kirsch u. Jost, 2016).

Daher spielt Supervision als Reflexionsort eine bedeutende Rolle. Ursprünglich verstand man unter Supervision die Praxisberatung in der Sozialen Arbeit. Die Geschichte der Supervision beginnt in Amerika mit der ersten Welle der Sozialen Arbeit zu Beginn des 20. Jahrhunderts (DGSv, 2012). Insbesondere in den USA war Supervision die Aufsicht und Anleitung durch einen Vorgesetzten. Erst in den 1970er und 1980er Jahren bekam Supervision im Zusammenhang mit Professionalisierung, Erhaltung oder Erweiterung der Qualität sozialer und beratender Berufe eine zunehmende Bedeutung und wurde zur Profession.

Supervision in der Sozialen Arbeit fokussiert andere Themen als in der Therapie (Binder-Klinsing, 2016) und ist lebensweltlich und damit stärker sozialwissenschaftlich ausgerichtet. Neben dem individuellen Leiden (der Klientin oder der Supervisandin) gilt es, auch die Lebenswelten und beteiligten Institutionen oder Organisationen zu berücksichtigen. Es geht in der Sozialen Arbeit zum Beispiel um Kinder, Jugendliche oder Familien als Klienten, weshalb sich die Arbeit der Sozialarbeiterinnen meist zwischen Individuen, Gruppen und Organisationen bewegt. Supervision bedeutet, die Beziehungsdynamik zwischen Klientin und Sozialarbeiterin zu bedenken, die Dynamik im Team und die Anforderungen der Organisation in Szenen einzufangen und das Ganze zu verstehen in Bezug auf den hinter der Handlung liegenden Sinn.

Die Systemtheorie und die Psychoanalyse spielen als die beiden großen Theorien auf allen Ebenen eine wichtige Rolle. Die Systeme der Klienten, die Systeme, die mit den Organisationen als Träger oder Auftraggeber verbunden sind, sind ebenso wichtig wie die Thematik des Unbewussten, der verborgenen Dynamik in Beziehungen, die die Psychoanalyse in die Diskussion einbringt (vgl. Mentzos, 1988). Im Mittelpunkt der psychodynamischen Supervision in der Sozialen Arbeit stehen (unbewusste) Resonanzphänomene und ihre Reflexion. Neben dem vertikalen Unbewussten (z. B. Verdrängung) beschreiben Gödde und Buchholz (2011) das resonante (horizontale) Unbewusste im Prozess (»Unbewusstes versteht Unbewusstes«). Soziale Resonanz ist lebensnotwendig und früh ausgeprägt, schon Säuglinge sind initiativ in der Beziehungsgestaltung. Auf den Emotionen wichtiger Bezugspersonen baut sich die Wahrnehmung von anderen als absichtsvoll Handelnde auf, verbunden mit dem Wunsch, selbst als Initiator Reaktionen auslösen zu können. Das schafft Kohärenz und Erweiterung der Komplexität der Selbstorganisationszustände (Gödde u. Buchholz, 2011, S. 109). Auch Adorno formuliert, »dass das Unbewusste nicht nur biografisch, nicht nur ›früh‹, sondern in der Gegenwärtigkeit des Gesprächs, in der Konversation lokalisiert werden muss« (Adorno, 1973, zit. n. Gödde u. Buchholz, 2011, S. 93).

Die relevanten Informationen werden oft szenisch eingebracht (z. B. die Schule eines Kindes »meldet sich«). Wenn die Supervision in einer Gruppe erfolgt, ist die Reaktion der Gruppe eine weitere Ebene, die zum Erschließen des Falls angefragt werden kann. Dazu kommt – und das ist das Wichtige an der »Triangel« – die Rahmung durch die Organisation. Das wird häufig unterschätzt oder »vergessen«. Jedem leuchtet ein, dass auf einem Polizeirevier anders berichtet wird als in einer Beratungsstelle – selbst, wenn es sich um dasselbe Ereignis handelt. Die Organisation ist mit ihrem Auftrag und ihrer Kultur, mit ihren Interaktionswegen und -ritualen wichtig und bestimmend für die Beratungsprozesse. Es ist nachvollziehbar, dass Verwaltungen sich in gewisser Weise ähneln, für Beratungsstellen gilt dies natürlich auch, auch wenn diese noch durch die Thematik mitbestimmt werden. Eine Aids-Beratungsstelle oder ein Frauennotruf haben in der Regel eine andere Kultur als eine Beratungsstelle, in der es vorwiegend um Schullaufbahnberatung geht.

Die Fähigkeit der Professionellen, Reflexion auch in belastenden Situationen aufrechtzuerhalten, stellt große Anforderungen an Supervision, Teamarbeit, die Leitung und die Organisationen Sozialer Arbeit. Für ein gelingendes (und mentalisierungsförderliches) Organisationsklima ist ein doppeltes Containment erforderlich, einerseits durch klare Strukturen, andererseits durch Reflexionsräume (Kotte u. Taubner, 2016). Supervision erleichtert dabei die Perspektivenübernahme, diese ist besonders dann schwierig, wenn unterschiedliche Erwartungen vorherrschen, etwa durch eine unklare Aufgabenstellung, durch das doppelte Mandat von Hilfe und Kontrolle oder durch Spaltungen.

5 Handlungsfelder und aktuelle Diskurse einer psychodynamischen Sozialen Arbeit

Wieder – und wahrscheinlich von jeder Generation erneut – werden Positionsbestimmungen zwischen Pädagogik und Psychoanalyse, psychodynamischer Pädagogik und Sozialarbeit, aber vor allem zwischen nichtklinischen Settings und der psychoanalytischen Therapie diskutiert. Ebenso stellt sich die Frage, in welcher Weise heute die Psychoanalyse in der Sozialen Arbeit präsent ist. Wird Psychoanalyse als Hilfswissenschaft für besondere Fragestellungen gesehen oder als Bezugswissenschaft oder gar als psychodynamisch konzipierte Sozialpädagogik und Sozialarbeit? Zumindest in den Beratungsstellen sind psychodynamische Ansätze eher marginalisiert (Menne, 2015). Am häufigsten ist ein methodischer Eklektizismus heute Kennzeichen vieler Beratungsstellen, gefolgt von systemischen Ansätzen. Systemische Ansätze und ein methodischer Eklektizismus sind in der Sozialen Arbeit insgesamt weit verbreitet, psychodynamische Ansätze finden sich am ehesten in der Arbeit mit Kindern und Jugendlichen (z. B. Hilfen zur Erziehung), in der Gemeindepsychiatrie sowie in Supervision und in der qualitativ-hermeneutischen Forschung.

5.1 Psychodynamische Therapie und psychodynamische Soziale Arbeit: Gemeinsamkeiten und Unterschiede

Soziale Arbeit ist daran orientiert, »auf quantitativ viele und qualitativ vielfältige Formen psychosozialen Elends zu reagieren« (Hackewitz, 1990, S. 21). Im Gegensatz zur psychoanalytischen Therapie hat die psychodynamische Soziale Arbeit kein formalisiertes Setting, sondern ist eingebettet in den Alltag der Klientinnen und Klienten. Ihre Interventionen sind nicht Verstehen und Deutung, sondern eine Bandbreite unterschiedlicher alltagsweltlicher Interaktionen, die vom Blick über das Wort, von Handreichungen bis hin zu gemeinsamen Unternehmungen führen (Bruns, 2006). Obwohl es wünschenswert ist, dass die Klienten auch einen höheren Grad an Bewusstheit für ihre Handlungen, Impulse und Inszenierungen erreichen, geht dies nicht wie in der psychoanalytischen Behandlung durch Deutungen. Deutungen sind daher auch nicht Teil der alltäglichen Arbeit. Durch zusätzliche Psychotherapie, die außerhalb der Wohngruppe in einem abgesetzten Rahmen durchgeführt wird, kann dies eventuell angestrebt werden.

Möglich ist dagegen eher eine strukturelle Umorganisation durch entwicklungsfördernde Beziehungen (»fördernder Dialog«), insbesondere bei Jugendlichen, die sich ja noch in der Entwicklung befinden und in eine günstige Richtung gelenkt werden können. Dazu müssen die Mitarbeitenden im Zusammenleben »die Affekte der Bewohner ertragen und verarbeiten, so wie die Eltern in einer Familie Affekte der Kinder ertragen und verarbeiten müssen« (Bruns, 2006, S. 13 ff.). Bruns weist darauf hin, dass vielen Adressaten Sozialer Arbeit frühe positive Objekterfahrungen fehlen. Viele kommunikativ bedeutsame Ich-Funktionen wie Impulskontrolle, Abstraktionsfähigkeit, Sublimierung und der Erwerb höherer Symbolisierungsleistungen, wie Sprache, Schrift, Spiel und Einhaltung sozialer Regeln, beruhen auf der basalen Symbolisierung und Mentalisierung. Diese Funktionen aber sind bei den Klienten der psychoanalytischen Sozialarbeit unvollständig ausgebildet. Sie auf einen reiferen Stand zu bringen, wird damit zur zentralen Entwicklungsaufgabe der psychoanalytischen Sozialarbeit (Bruns, 2006, S. 15).

Ein weiterer Unterschied zur psychoanalytischen Therapie wird in der Aktivität und Einmischung der Professionellen gesehen. Der Psychoanalytiker, die Psychoanalytikerin sei nicht zuständig dafür, Ratschläge zu erteilen oder sich in die Alltagsangelegenheiten der Klienten einzumischen. Dies muss man in der institutionalisierten psychodynamischen Sozialen Arbeit anders sehen, vor allem wenn der Auftrag sozialer Organisationen einhergeht mit Beratung *und* Kontrolle (z. B. im Jugendamt, im Sozialamt, in der Bewährungshilfe). Dann kann eine abstinente Haltung nicht umgesetzt werden. Der Akt zwischen Einmischen und Raushalten, Gewähren und Versagen, zwischen Akzeptieren und Konfrontieren muss anders balanciert werden als in der psychodynamischen Therapie. Ebenso wird der psychoanalytische Abstinenzbegriff anders gesehen. Dieser ist in den Handlungsfeldern Sozialer Arbeit kaum möglich, hier sind Agieren, Enactments oder Verstrickungen häufig und wahrscheinlich notwendig. Unverzichtbar sind daher ein tragfähiger institutioneller Rahmen und ein therapeutisches Milieu.

5.2 Mentalisierung, strukturbezogene Pädagogik und Traumapädagogik

Seit den 1990er Jahren entwickelten sich neue psychodynamische Konzepte und Modelle (z. B. aus der Bindungstheorie und dem Mentalisierungsansatz), und Erkenntnisse aus Nachbardisziplinen (z. B. Adoleszenzforschung, Traumaforschung) gewinnen einen zunehmenden Einfluss auf die psychodynamische Soziale Arbeit.

Anknüpfend an die frühe psychoanalytische (Sozial-)Pädagogik werden hier beispielhaft drei moderne psychodynamische Ansätze vorgestellt, die in gewisser Weise ich-psychologische, objektbeziehungstheoretische und bindungstheoretische Ansätze weiterentwickelt und für die Handlungsfelder Kinder- und Jugendhilfe fruchtbar gemacht haben. Auch wenn die Traumapädagogik in Abgrenzung zur psychoanalytischen Pädagogik entstanden ist, versuchen wir zu zeigen, dass viele Gemeinsamkeiten bestehen und es gute Gründe gibt, sie als psychodynamisch begründet zu verstehen und gemeinsam mit den beiden anderen Ansätzen zu beschreiben. Anhand eines Fallbeispiels (Kirsch u. Grebenstein, 2011) werden wir den Mentalisierungsansatz, die strukturbezogene Pädagogik und die Traumapädagogik vorstellen und auf das Fallbeispiel anwenden.

Ein Fallbeispiel

Christian war beim Erstkontakt 13 Jahre alt. Er wuchs zunächst in seiner Herkunftsfamilie in einer Großstadt auf. Bereits im Kindergarten und in der Grundschulzeit sei Christian durch aggressives Verhalten gegenüber anderen Kindern und Lehrern aufgefallen. Immer wieder habe es ähnliche Konflikte gegeben. »Isch bin doch keen Kloppi!«, sagte Christian oft, wenn er ermahnt wurde. Und er wurde oft ermahnt. Im Alter von sechs Jahren wurde im Jugendamt eine Betreuungsmaßnahme beschlossen, danach lebte er sieben Jahre bei seiner Pflegemutter in einem kleinen Dorf. Im selben Jugendamt wurde nun die Beendigung der Maßnahme festgelegt: Christian solle nach Hause zu seinen leiblichen Eltern zurückkehren.

Aus Sicht des Jugendamts sei die Situation Christians bei der Pflegemutter und in der Schule für alle Beteiligten untragbar geworden. Christian habe sich zunehmend aggressiv verhalten, seine Lehrer tätlich angegriffen und seine Mitschüler beschimpft. Er sei zweifelhafte Freundschaften in der örtlichen Neonaziszene eingegangen, mit denen er zuletzt auch kriminelle Aktionen unternommen habe. Daneben sei er in der Schule rapide in seinen Leistungen abgefallen. Die Betreuer und Lehrer dokumentierten in ihren Berichten ihre Ratlosigkeit im Umgang mit Christian, aber auch ihre Enttäuschung über sein Verhalten, welches sie als respektlos und erniedrigend empfanden. Nicht nur pädagogisch intendierte Strafen und Einschränkungen schienen ihn kalt gelassen zu haben. Auch freundlichen Worten oder Lob für seine Bemühungen im Schulunterricht habe er keinerlei Bedeutung beigemessen. Das für Christian zuständige Jugendamt habe nun wieder dringenden Handlungsbedarf gesehen.

Nach einem zweiwöchigen Aufenthalt bei seinen Eltern in den Schulferien äußerte Christian den Wunsch, wieder bei seinen Eltern zu leben. Auch die Eltern wünschten dies. Ein Sozialpädagoge, der als Familienhelfer eines freien Trägers der Jugendhilfe arbeitete, wurde infolge der Entscheidung des Jugendamts mit der weiteren Betreuung der Familie beauftragt. Dabei sollte versucht werden, im Laufe von drei Monaten Antworten auf folgende Fragen zu finden: Besteht Aussicht darauf, dass der 13-Jährige dauerhaft (d. h. bis zu seiner Verselbst-ständigung) im Haushalt seiner Eltern leben kann? Kann für Christian eine geeignete Schule gefunden werden? Wie stehen Vater, Mutter und Sohn nach Ablauf der drei Monate dazu?

Während der Treffen erzählten Christians Eltern einiges aus ihrer Geschichte. So habe es schon viele Leute gegeben, die über ihre Familie entschieden hätten. Sie seien sich als »Verfügungsmasse« vor-gekommen. Bereits als Christian noch in den Kindergarten ging, sahen sie sich dort unter Druck gesetzt, sich an das Jugendamt zu wenden. Zudem seien sie im Umgang mit ihm zunehmend ratlos gewesen und mit dem körperlich aggressiven Verhalten nicht mehr zurechtgekom-men. Daneben habe er seit seinem zweiten Geburtstag häufig seinen Kot in der elterlichen Wohnung verteilt und vorzugsweise die Wände damit »beschmiert«. Sie berichteten davon, dass ihnen schließlich »die Pistole auf die Brust gesetzt« worden sei, den Jungen vorübergehend, das heißt für mehrere Monate, in Obhut eines Erziehungsheims zu geben, bis sich die Situation etwas beruhigt habe. So hätten sie sich damals mehr oder weniger freiwillig dafür entschieden, das Aufent-haltsbestimmungsrecht abzugeben. Bis heute haben sie jedoch das Sorgerecht für ihren Sohn. Im Laufe dieser ersten stationären Unter-bringung hätten sich die zuständigen Betreuer und das Jugendamt darauf verständigt, Christian einer Pflegefamilie zuzuweisen. Darü-ber hinaus, so berichteten Christians Eltern, hätten sie bereits mit der vier Jahre älteren Halbschwester Eingriffe durch das Jugendamt erlebt. Christians kleiner Bruder, der dieses Jahr in eine Regelschule gehen soll, sei jedoch in der Jugendhilfe noch ein unbeschriebenes Blatt. Die Eltern hätten die Hoffnung, dass ihnen wenigstens dieses Kind »nicht aus den Lappen gehe«. Die Mutter betonte im Laufe der Betreuung mehrmals, dass dies das Wichtigste für sie sei, wichtiger als ein gelingendes Zusammenleben mit Christian. Wenn sie merke, dass er einen schlechten Einfluss auf seinen kleinen Bruder habe, werde sie sich gegen ihren älteren Sohn stellen.

Die Eltern beziehen beide Arbeitslosengeld II in einer Bedarfs-gemeinschaft. Die Mutter ist dauerhaft erwerbsunfähig. Sie steht unter enger ärztlicher Begleitung, benötigt täglich eine Vielzahl an Medikamenten, ist in ihrer Bewegung stark eingeschränkt und wenig belastbar. Die Familie lebt in einer Dreizimmerwohnung. Ein Zimmer ist das Schlafzimmer der Mutter, eines das Kinderzimmer des jüngsten Sohnes. Das dritte und größte ist das Wohnzimmer, in dem auch einige Tiere leben: ein großer Hund, eine Katze, ein Hamster und – in einem großen Terrarium – zwei Leguane. Der Vater schlief bisher auf der Wohnzimmercouch. Nach Angaben der Eltern sei dies ihre Lösung für das Problem des starken Schnarchens des Vaters.

Wie geplant, kam Christian drei Wochen nach der Entscheidung des Jugendamts zu seinen Eltern zurück. In der Wohnung seiner Eltern, auf der Couch sitzend, wirkte er sehr schmächtig und unscheinbar, wie in sich zusammengesunken. Schwierig sei für ihn, dass seine Eltern nun wesentlich strenger seien als noch in den Ferien, als er sie besucht hatte. Er ließ auch durchblicken, dass er eigentlich auch keine Lust habe, bei seinen Eltern zu wohnen. Er träume von seiner »eigenen Bude«, in der ihm niemand Vorschriften mache. Nach einigen Tagen drängte sich die Frage auf, an welchem Ort in der elterlichen Wohnung eigentlich Christian schlafe. Die Mutter antwortete, dass Christian im Ehebett schlafe – dort befinde sich der einzige noch freie Schlafplatz. Nach einer Intervention des Familienhelfers übernachtete Christian auf der Wohnzimmercouch, der Vater, der vorher dort schlief, fortan auf dem Wohnzimmerteppich.

Die folgenden Wochen schilderten die Eltern als anstrengend. Die Mutter klagte darüber, dass Christian sehr träge sei und sich für kaum etwas interessiere. Christian bediene sich einer sehr vulgären Sprache, mache sich insbesondere über den Vater oft lustig. Die Mutter entlastete sich durch häufige Telefonate mit einer Freundin. Dass bei Christian ADHS diagnostiziert sei, verhelfe ihr zu Nachsicht gegenüber seinem Verhalten. Oft sprach sie davon, dass Christian in den vergangenen Jahren »einen dicken Panzer um sich gebaut« habe und es deshalb kein Wunder sei, dass man so schwer an ihn herankommen könne. Zu einem großen Problem werde »der Panzer« allerdings oft dadurch, dass Christians Mimik und Gestik sowie sein Auftreten insgesamt so schwer einzuschätzen seien. Seinen oft scheinbar eintönigen Tonfall oder seine Art, zu lachen, könne sie nicht richtig einordnen, nicht verstehen, wie es gemeint sei. Dies habe sie verunsichert. Der Vater berichtete, dass er oft das Gefühl habe, von Christian gedemütigt zu werden. Zugleich bestehe er aber darauf, dass Christian sich den Vorgaben der Eltern füge – wenn auch erst nach längeren Auseinandersetzungen. Daneben ermahne er – der Vater – die Mutter immer wieder zu Geduld, und er zeigte im Gespräch auch Verständnis dafür, dass Christian Zeit brauche, sich an sein neues Zuhause zu gewöhnen.

Im Gespräch mit Christian war sein Wunsch herausragend, dass das Leben zu Hause »wieder Spaß machen« solle. Er würde gern mit seinem Vater toben, ihm bei der Arbeit helfen, mit ihm abends auf der Couch sitzen, Kaffee trinken und Zigaretten rauchen. Während seines Besuchs in den Ferien sei es so gewesen: »Wenn ich wieder etwas Spaß haben kann, dann tue ich auch, was man von mir will.« Stattdessen, so Christian, »nölt mein Vater dauernd nur rum«. Er fühle sich herumkommandiert und mit überzogenen Forderungen konfrontiert.

Der Schulbeginn für Christian in der Stadt zögerte sich lange hinaus. Mit dem Eintreffen der Schulakte kam ein Vorschlag für eine Schule für Lernbehinderte. Christian reagierte enttäuscht. Im Vergleich zu seiner früheren Schule empfand er diese Perspektive als Abstieg: »Die sehen hier schon alle wie Kloppis aus.«

Auf Wunsch seiner Eltern sollte Christian am Tag seines Schulbeginns vom Sozialpädagogen auf seinem Weg zur neuen Schule begleitet werden. Christian war die Strecke mittlerweile schon drei Mal mit seinem Vater mit der U-Bahn gefahren. Bereits bei der zweiten Fahrt habe er den Weg und die richtige U-Bahn selbstständig gefunden. An diesem Morgen seines ersten Schultags lief Christian auf dem Bahnsteig hin und her, wirkte verwirrt und wusste den Weg nicht. Darauf angesprochen, bat er, ihm doch endlich den Weg zu zeigen, weil die Schule doch bald anfange. Alle zwei Minuten fuhr eine U-Bahn weg, und beide wurden zunehmend ungeduldig und ärgerlich. War Christian wirklich so ungeschickt oder tat er nur so, als sei das Netz aus U-Bahnlinien für ihn nur ein unverständliches Knäuel? Das Gefühl des

Sozialpädagogen, »zum Narren gehalten zu werden«, kehrte sich langsam in den Eindruck um, hier einem äußerst hilflosen und verwirrten Jungen gegenüberzustehen.

Die Eltern berichteten oft, sie wüssten nicht mehr, woran sie bei ihm seien. Immer wichtiger war es aus ihrer Sicht, Christian mit ihren Erwartungen und Bedingungen zu konfrontieren; damit baute sich zunehmend Druck auf. In der neuen Schule, die Christian nun regelmäßig besuchte, zeigte sich nach Angaben seiner Klassenlehrerin, dass er vergleichsweise gute schulische Leistungen bringen konnte. Bereits in der ersten Zeit habe es aber auch einige gewaltsame Übergriffe auf Mitschüler gegeben. Sie zeige ihm daher »klare Grenzen« auf und betonte, dass er bei gleichbleibendem Verhalten mittelfristig nicht auf der Schule verbleiben könne.

Im weiteren Verlauf der Betreuung hatte sich die Stimmung in der Familie rapide verschlechtert. Christian verhalte sich den Eltern gegenüber respektlos und gleichgültig. Ihm sei ausschließlich an seinem eigenen Wohlergehen gelegen. Christian hingegen beschwerte sich darüber, dass die Eltern ihm zu wenig Freiheiten gewährten und ihn ständig kontrollierten. Sowohl der Vater als auch die Mutter sahen keine Perspektive mehr für ein Zusammenleben als Familie. Sie betonten immer wieder ihren Eindruck, dass Christian letztendlich keinerlei Veränderungswillen habe. Beide Eltern beklagten sich über ihre Hilflosigkeit gegenüber Christian. Die Mutter dokumentierte offen ihr Misstrauen und ihren Unwillen. Sie wolle nicht mehr mit Christian zusammenleben. Vor allem sei sein negativer Einfluss auf die Entwicklung des Bruders der Grund, warum sie nicht mehr willens sei, für Christian zu sorgen.

Im Hilfeplangespräch nach Ablauf der drei Monate wurde von den Eltern eine kurzfristige Entlastung gewünscht, die nach ihrer Auffassung in einer stationären Unterbringung Christians liegen solle. Der Beschluss im Jugendamt lautete schließlich: Die beauftragten Helfer sollten sich gemeinsam mit den Eltern um eine stationäre Unterbringung kümmern, die die Eltern annehmen könnten. Innerhalb von vier Wochen wurde eine geeignete Einrichtung gefunden, die sich jedoch erneut weit entfernt in einer anderen Stadt befand. Der Vater brachte seine Enttäuschung darüber zum Ausdruck, dass er und seine Frau es wieder nicht geschafft hätten. Die Mutter verhielt sich bis kurz vor der Abfahrt bedeckt. Am Tag der Abreise versuchte sie dann, ihren Mann zu überreden, die Entscheidung rückgängig zu machen. Der Vater stand jedoch dazu und sagte, er sehe dies als einzige Chance, dass aus seinem Jungen noch etwas werde. Christian nahm diesen Prozess scheinbar ungerührt zur Kenntnis, er zeigte keine Regungen. Auf der Fahrt erzählte er, dass er in der letzten Nacht noch einmal bei seiner Mutter im Bett geschlafen habe. Aus Sicht des Jugendamts gelang es, die konflikthafte Situation der Herausnahme Christians bei seinem zweiten Abschied vom Elternhaus so zu begleiten, dass die Beteiligten die gefundene Lösungen so akzeptieren konnten, dass ein weiterer Kontakt der Familie untereinander nicht verloren ging (Kirsch u. Grebenstein, 2011).

Der Mentalisierungsansatz in der Sozialen Arbeit

Mentalisieren ist eine imaginative Tätigkeit, insbesondere das Wahrnehmen und Interpretieren von menschlichem Verhalten auf der Grundlage von Intentionen (z. B. Gefühle, Wünsche, Begehren, Ziele, Überzeugungen, Gründe, Vorhaben). »Mentalisierung ist ein breit gefasstes Konzept, das gegenwärtig in erster Linie als Bezugsrahmen für das Verständnis einer Vielzahl von mentalen Prozessen herangezogen wird; in zweiter Linie dient es als Plattform des Nachdenkens über das psychische Funktionieren von Einzelpersonen jeden Alters, von Gruppen, Familien, sozialen Systemen und frühen Mutter-Kind-Dyaden; und schließlich kann es auch den Fokus einer Behandlung bilden« (Bateman, 2016, S. 9).

Das Ziel mentalisierungsfördernder Interventionen (vgl. Taubner u. Volkert, 2017) besteht darin, die Selbstregulierung zu verbessern (Fonagy, 2003) und mithilfe verbesserter sozialer Beziehungen (soziales Netzwerk, Bindungsbeziehungen, epistemisches Vertrauen und soziales Lernen) eine besser gelingende Alltagsbewältigung und soziales Lernen zu erreichen.

Betrachtet man die Fallgeschichte unter der Fragestellung, wie mithilfe des Mentalisierungsansatzes Christians Erleben und Handeln verstanden werden kann, so fallen folgende Aspekte auf: Für Christian scheinen keine nahen, tragfähigen Beziehungen möglich zu sein, allseits wird das Bemühen der Eltern und der Professionellen enttäuscht. Christian wird als unberührbar durch Lob, Geschenke oder Strafen geschildert. Die Mutter beschreibt es als »dicken Panzer«, sein schwankendes Verhalten zu Hause hinterlässt sie hilflos und setzt sie unter Druck. Ratlosigkeit schlägt in Ablehnung um. Wir können dies als Hinweise auf eine *desorganisierte Bindung* verstehen. Die Bezugspersonen wurden nicht als sicherer Hafen erlebt, konnten sich kaum einfühlen, nicht beruhigen oder unangenehme Affekte abmildern. Folge dieser frühen Erfahrung ist mitunter, dass desorganisiert gebundene Kinder schwerer »führbar« sind, da sie kaum durch Angst vor Liebesverlust beeinflussbar sind. Gleichzeitig ist bei diesen Kindern das Bindungssystem sehr häufig oder permanent aktiviert ohne eine Aussicht auf Beruhigung. Intensive unangenehme Affekte oder Stress können kaum abgemildert werden. Wenn es zu selten die positive Erfahrung gegeben hat, dass die Gefühlsäußerungen des kleinen Kindes verstanden und wohlwollend gespiegelt wurden, wird die Entwicklung des Selbst nachhaltig gestört.

Eine reflexiv-feinfühlige Bezugsperson ist fähig, die Welt aus Sicht des Kindes wahrzunehmen. Elterliche Konflikte oder Traumata können deren Einfühlung und Vorstellungen vom Kind verzerren; die Person ist damit nur eingeschränkt in der Lage, die kindlichen Motive und Gefühle hinter dem Verhalten des Kindes zu erkennen.

Nicht gespiegelte innere Zustände des Kleinkindes erhalten den Status des Nichterlebbaren und können daher als Teile des von Freud konzipierten dynamischen Unbewussten bezeichnet werden. Wenn die Bezugsperson die Motive oder Affekte des Säuglings häufig fehlinterpretiert, entsteht ein *»fremdes Selbst«*. Dominante Anteile eines fremden Selbst finden sich häufig bei Menschen mit Persönlichkeitsstörungen, desorganisierten Bindungen oder nach Bindungstraumata. In diesem Fall repräsentieren sich im Selbst des Kindes die Haltung und Botschaften der Bezugsperson. Dann bleibt dem Kind nur die Möglichkeit, den mentalen Zustand der Bezugsperson in sein eigenes Selbst zu übernehmen, von dem es später verzweifelt versucht, sich durch Projektion zu befreien (Fonagy u. Target, 2006). Verzerrte Spiegelung kindlicher Affekte wird später häufig als innere Leere oder unerträgliche diffuse Spannung wahrgenommen, die externalisiert werden muss (projektive Identifizierung). Dies geht einher mit ungenügender Selbst-Objekt-Differenzierung oder der Schwierigkeit, allein zu sein (Brockmann u. Kirsch, 2017).

Die Schilderungen von Christians Verhalten und sein wiederholter Ausspruch »Isch bin doch keen Kloppi!« können als Hinweise verstanden werden auf eine tiefgreifende Selbst(wert)problematik im Sinne einer schweren narzisstischen Problematik einerseits und einer bedeutsamen Schamproblematik andererseits. Bedeutsame Andere werden wiederholt abgewertet, die Pflegemutter, Frauen insgesamt, aber auch der Vater, dessen Nähe zunächst gesucht wird, zu dem aber keine befriedigende Beziehung gelingt. Am Beispiel der Beziehung zum Vater lässt sich zeigen, warum eine größere Vertrautheit und Nähe zum Vater von Christian gewünscht werden, der Vater aber gleichzeitig entwertet und abgelehnt wird. Dabei werden in der Beziehung zum Vater Aspekte des »fremden Selbst« von Christian externalisiert. Gefühle der Entwertung, Scham und Erniedrigung, die das Selbstbild von Christian stark prägen, werden als unerträgliche Affekte auf den Vater projiziert.

Die Handlungen von Christian legen nahe, dass er häufig im *teleologischen Modus* erlebt und handelt, in dem zwar zielgerichtetes Handeln verstanden und durchschaut wird, eine psychologische Sichtweise mit Motiven und Gefühlen bei sich und anderen jedoch nicht eingenommen und verstanden werden kann. Der teleologische Modus ist mit einer Zeit verbunden, in der ein Säugling seine emotionalen Zustände nur mithilfe einer erwachsenen Pflegeperson regulieren konnte. In der Regression oder durch ein hohes *emotionales Arousal* muss – aus Sicht der Person – die Umwelt aktiv werden, um die inneren Spannungszustände zu mindern. Dies kann einen sehr drängenden und manipulativen Charakter annehmen (Taubner, 2015).

Wenn im Mentalisierungsansatz von Stress oder hohem emotionalem Arousal gesprochen wird, gilt dies weitgehend unabhängig von der Qualität der Affekte, etwa Angst, Wut, Trauer oder Enttäuschung, und betont die Quantität oder Intensität. Grundlage ist hier ein neurobiologisches Modell, das zeigt, dass reflektierende Problemlösung am ehesten im Bereich mittlerer emotionaler Intensität gelingt und bei hoher Intensität eher schnelle, automatisierte Verhaltensprogramme (z. B. Kampf, Flucht oder Erstarrung) wirksam sind (Luyten, Fonagy, Lowyck u. Vermote, 2015). Für reflexives Denken und Problemlösen steht daher zunächst die Regulierung der Intensität des emotionalen Arousals im Vordergrund.

Die Mentalisierungsfähigkeit ist also (leicht) störbar. Wenn die Mentalisierung zusammenbricht, kommt es typischerweise zu einer Regression auf prämentalisierende Modi des Denkens und Wahrnehmens. Fearon und Kollegen (2009) unterscheiden drei Formen des Mentalisierungsversagens: das konkretistische Verstehen, das Pseudomentalisieren und den Missbrauch des Mentalisierens (teleologischer Modus). Diese können Beziehungsschwierigkeiten erzeugen, aufrechterhalten oder auch verstärken.

Eine Störung der Entwicklung des Selbst führt auch häufig zu Schwierigkeiten der Impulsregulation, Spannungs- und Frustrationsintoleranz und impulsivem oder aggressivem Verhalten. Die Lehrerin berichtet von schwer zu kontrollierenden Impulsdurchbrüchen in der Schule. Sie beobachtete, dass Christian nicht wahllos zuschlage, sondern gezielt handle, um seine Interessen zu wahren. Dies spricht für den Gebrauch des teleologischen Modus, ohne dass es Christian möglich wäre, seine eigene Unsicherheit wahrzunehmen oder sich in andere (Mitschüler, Lehrer u. a.) hineinzufühlen, deren Motive, Gedanken einigermaßen zutreffend wahrzunehmen. Zwischenmenschliche Beziehungen werden von ihm instrumentalisiert, sie dienen der Wiederherstellung einer fragilen Selbstkohärenz. Vermeintliche oder reale Kritik wird rasch als vernichtend erlebt und muss durch Drohungen oder Gewalt kontrolliert werden. Die Größenphantasien eines 13-Jährigen, sich über alle Regeln hinwegsetzen zu können, sollen Ohnmachtsgefühle und Hilflosigkeit abwehren. Der Wunsch, eine Regelschule zu besuchen, und der wiederholte Ausspruch »Ich bin doch keen Kloppi« können auch verstanden werden als Wunsch, »normal« zu sein, und einen Zugang ermöglichen zu dem dahinterliegenden Leidensdruck. Eine mentalisierende Sichtweise ist notwendig für die Gestaltung naher zwischenmenschlicher Beziehungen, erst durch das einigermaßen zutreffende Verstehen der Befindlichkeiten und Motive der nahen Bezugspersonen kann ausreichend Sicherheit erlebt und größere Nähe zugelassen werden. Gelingt dies nicht, werden nahe Beziehungen schnell als bedrohlich wahrgenommen.

Transitionsphasen, wie der Übergang vom Kindergarten in die Schule, ein Schulwechsel oder der Verlust der Peergroup, gehen meist mit einer deutlichen Verunsicherung einher. Zusätzlich kommt bei Christian hinzu, dass bereits im sechsten Lebensjahr, also rund um die Einschulung, ein Wechsel des gesamten Umfelds und ein Abbruch der Beziehung zu den Eltern stattfanden. Der Beginn in einer neuen Schule bedeutet für Christian wieder eine Veränderung des Umfelds und ein Verlust der Peers. Dies ist wahrscheinlich emotional aufwühlend, unter diesen Bedingungen ist seine Mentalisierungsfähigkeit zusammengebrochen, auch seine Problemlösungsfähigkeit ist wesentlich schlechter als auf einer Probefahrt zusammen mit dem Vater. Er findet beim Umsteigen nicht die richtige U-Bahn, reagiert überheblich, dann verwirrt und zunehmend unter Druck. Dies löst im Gegenüber zunächst ebenfalls Druck und eine aggressive Gegenübertragung aus (»zum Narren halten«, »Machtspiel«, Wut), die jedoch nicht mit einer Gegenaggression beantwortet wird, sondern ausgehalten werden kann und einfühlend beantwortet wird. Diese Szene vermittelt einen Einblick, wie fassadär die überhebliche Haltung Christians ist, eine Abwehrhaltung, um eine tiefe Unsicherheit zu überdecken. Ein entwurzelter Junge, der schnell verunsichert ist, wenig stabile, positive Selbst- und Objektrepräsentanzen hat. In Momenten großer Unsicherheit und Angst, wenn das Bindungssystem aktiviert ist, ist seine Mentalisierungsfähigkeit, also die emotionale und kognitive Fähigkeit zur Reflexion und Problemlösung, eingeschränkt. Dies wurde beim Schulweg am ersten Schultag in der neuen Schule deutlich und kann als Beispiel dienen für viele andere alltagsnahe Episoden innerhalb der Familie. Die Familie reagiert jedoch ihrerseits mit Druck und Gegenaggression, sodass ein nichtmentalisierender Kreislauf entsteht, indem auf rasches Handeln gedrängt wird und eine wechselseitige Perspektivenübernahme misslingt.

Bisher beschäftigten uns die frühen Belastungen und Entwicklungsstörungen – welche Rolle spielt nun die adoleszente Entwicklung in der Fallgeschichte? Versteht man die Frühadoleszenz als Transition, in der biologische und psychische, emotionale und kognitive Veränderungen zu einer erheblichen Labilisierung beitragen, so wird in dieser Fallgeschichte deutlich, wie lebensgeschichtlich frühere Konflikte und Entwicklungsstörungen in der Adoleszenz reaktiviert werden. Für Fonagy, Gergely, Jurist und Target (2004) sind adoleszente Zusammenbrüche keine Folge des normalen inneren Aufruhrs in dieser Lebensphase, sondern die Folge früherer Entwicklungsstörungen. In der Adoleszenz komme es nicht nur zu einer Reaktivierung infantiler Konflikte, sondern es würden in dieser Entwicklungsphase traumatische Belastungen aus der Kindheit handelnd in Szene gesetzt. Insbesondere in der Adoleszenz könne Aggression und Delinquenz daher vor dem Hintergrund traumatisierender früher Bindungen als pathologischer Anpassungsversuch an die soziale Umwelt verstanden werden.

Eine geringe Mentalisierungsfähigkeit geht mitunter mit der Neigung zu aggressivem Verhalten, geringer Impulskontrolle und besonderen Schwierigkeiten in sozialen Beziehungen einher. Die Abwertung und Aggression als Ausdruck teleologischen Denkens, mit der Christian versucht, die Psyche anderer zu kontrollieren und zu unterwerfen, erschweren bei ihm und anderen ein mentalisierendes Reflektieren zusätzlich. Der fast 14-jährige Christian war schon früh durch aggressives Verhalten aufgefallen. Jetzt in der Frühadoleszenz scheinen seine Impulsivität und Aggression einerseits und die Schwierigkeiten in den wichtigen sozialen Beziehungen andererseits die

Eltern, Lehrkräfte und die involvierten Institutionen zu überfordern, sodass Letztere eine Spirale aus Drohungen, Zwang und schließlich einem erneuten Beziehungsabbruch ausgelöst haben. Die wiederholten Beziehungsabbrüche, mangelnde Perspektivenübernahme und nichtmentalisierende Kreisläufe führen – wahrscheinlich – zu einer Verschlimmerung oder Verfestigung nichtmentalisierender Erlebens- und Verhaltensweisen.

Christians Familie scheint insgesamt sehr belastet; die Erkrankung der Mutter, das Fehlen materieller Ressourcen und beengte Wohnverhältnisse setzen die Familie unter Druck und scheinen ihre Bewältigungsmöglichkeiten zu überfordern. Wiederholte Kontakte zu Institutionen der sozialen Kontrolle (z. B. Jugendamt) konfrontieren die Eltern mit ihrem Versagen in der Erziehung der Tochter und des mittleren Sohnes (Christian). Die hier erlebte Hilflosigkeit, Bevormundung und Abwertung verstärken eine emotional aufgeladene, misstrauische Atmosphäre, in der Reflexion schwer möglich ist. Die Familie passt sich zwar rasch an, verweigert aber eine tiefer gehende Kooperation oder einen Einblick in ihre Angelegenheiten (z. B. Wohnungswechsel, wirtschaftliche Verhältnisse). Implizit kann in der Verweigerung tiefgreifender Änderungen der Territorien innerhalb der Familie, wie der Wohn-/Schlafverhältnisse, zum Ausdruck kommen, dass sich Christian an die bestehenden Verhältnisse anpassen muss, ohne dass ein gemeinsamer Neubeginn als Chance für Veränderungen insgesamt gesehen wird.

Die Mutter erscheint wenig einfühlsam. Sie hat nur ansatzweise ein psychologisches Konzept, wie Bedeutungszuschreibungen, Denken, Fühlen und Handeln miteinander in Zusammenhang stehen. Sie projiziert (die anderen, z. B. das Jugendamt, die Pflegemutter seien an allem schuld), sie spaltet (der »unschuldige« jüngste Sohn versus Christian), erscheint wenig reflektiert, und sie agiert, indem sie versucht, durch rasches Handeln schwierige Erkenntnisse oder Affekte zu vermeiden. Einzig in Gesprächen mit einer Freundin wird deutlich, dass sie, wenn sie auf Verständnis trifft, ein psychologisches Verständnis der Handlungsweisen ihres Sohnes entwickeln kann. Dass bei ihm ADHS vorliege, »verhelfe ihr zu Nachsicht gegenüber seinem Verhalten«. Hier hat die medizinische Diagnose, unabhängig von ihrem Wirklichkeitsgehalt, als Etikettierung eine entlastende Funktion, sie befreit von Schuldgefühlen und Verantwortung und ermöglicht es der Mutter, etwas einfühlsamer mit den alltäglichen Sorgen und Problemen hinsichtlich ihres Sohnes umzugehen. Der kleine Bruder erscheint »unschuldig«, da er die Eltern noch nicht beschämt hat, ein »unbeschriebenes Blatt« ist und damit als lebender Beweis gilt, dass die Eltern sich doch als »normal« und kompetent erleben können. Wie wichtig und Selbstwert-wirksam diese Selbstzuschreibungen sind und wie gering die Fähigkeit oder Bereitschaft ist, sich auf Christian einzulassen, wird deutlich in der Betonung, den kleinen Bruder auf jeden Fall vorzuziehen und es als Bedingung zu formulieren, dass jegliche »Kontamination« des unschuldigen kleinen Bruders und damit des Selbstwerterlebens der Mutter sofort zu einem Abbruch der Beziehung zu Christian führen werde.

Die Eltern setzen voraus, dass Christian als rationaler Akteur handelt, sie argumentieren mit ihm, wollen rasch Veränderungen sehen, doch diese Strategie setzt voraus, dass Christian zwischen seinen eigenen Gefühlen, Motiven und Bedürfnissen und denen der anderen unterscheiden kann; mit einer solchen Selbstregulierung ist Christian jedoch überfordert. Er empfindet Zurechtweisungen als Angriff, der sein Bedürfnis verstärkt, sich abzukapseln, Krach zu machen, zu stören und sich vor unerträglich schmerzhaften Gefühlen zu schützen (abgeschoben zu werden, Spott zu ertragen, Scham u. a.). Die Kontakte zur sozialpädagogischen Fachkraft ermöglichen Christian, das zu Hause Erlebte zu erzählen und eigene Bedürfnisse auszusprechen.

Der Mentalisierungsansatz gilt als Brückenkonzept, das grundlagentheoretisch und praktisch verschiedene Beratungs- und Psychotherapieansätze verbindet (Brockmann u. Kirsch, 2015; Taubner, 2015). Der Mentalisierungsansatz bietet eine neue Perspektive auf Belastungen und Anforderungen in der Sozialen Arbeit, indem er stärker auf Kommunikationsprozesse, die Affektregulierung oder nichtmentalisierende Kreisläufe fokussiert (Fearon et al., 2009). Dies ermöglicht neue

Perspektiven auf die Beziehungsgestaltung und den »fördernden Dialog«. »Gerade für Berufe, in denen eine professionelle Beziehungsarbeit mit Klient/innen im Vordergrund steht, sind die Fähigkeiten zu einer differenzierten Selbst- und Fremdwahrnehmung und die darauf abgestimmte Emotionsregulation zentral« (Kotte u. Taubner, 2016, S. 76).

Die Orientierung an der Bindungstheorie und Entwicklungspsychologie hat Konsequenzen für die Beziehungsgestaltung und Intervention. Eine hilfreiche (sozialpädagogische) Beziehung wird, ähnlich wie in den intersubjektiven Theorien, als kooperativ »demokratisiert«. Die Regulierung des emotionalen Arousals erfolgt durch die sozialpädagogische Haltung und die Beziehung. »Wenn es darum geht, zentrale, unbewusst wirksame ›working models‹ (Bowlby) über menschliche Beziehungen zu korrigieren, braucht man Geduld, denn derartige Überzeugungen sind nicht-sprachlich im prozeduralen Gedächtnis gespeichert, sie lassen sich sprachlich nicht erreichen und ändern« (Körner, 2009, S. 316).

Nach Fonagy und Allison (2014) ist das Ziel mentalisierungsorientierter Interventionen ein zweifaches: erstens die Erweiterung und Wiederherstellung von Mentalisierung, zweitens die Förderung von sozialem Lernen und epistemischem Vertrauen. Das »*epistemische Vertrauen*« ist ein Aspekt der Arbeitsbeziehung, dem aus Sicht des Mentalisierungskonzepts eine zentrale Bedeutung zukommt. Epistemisches Vertrauen ist das basale Vertrauen in eine Person (z. B. Bezugsperson, Lehrerin oder Sozialpädagogin) als sichere Informationsquelle (Sperber et al., 2010). Niemand kennt sein Geburtsdatum aus eigener Erfahrung. Wir vertrauen zunächst unseren Eltern und freuen uns auf den nächsten Geburtstag. Epistemisches Vertrauen ist notwendig, da die meisten Dinge unserer Umgebung nicht selbsterklärend sind. Epistemisches Vertrauen ist deshalb so interessant, weil wir es in der Sozialen Arbeit häufig mit Menschen zu tun haben, deren bisherige Beziehungserfahrungen zu einem *epistemischen Misstrauen* geführt haben. Dieses Misstrauen liefert dem Klienten eine eingeengte Sichtweise seiner Erfahrungen und er ist nur eingeschränkt in der Lage, Hilfsangebote anzunehmen.

Die Folgen desorganisierter Bindung, wie bei Christian, sind oft ausgeprägte interpersonale Fehleinschätzungen, Instabilität im Selbstbild und in zwischenmenschlichen Beziehungen sowie Einschränkungen der Mentalisierungsfähigkeit. Wer zum Beispiel durch ein Trauma das epistemische Vertrauen verloren hat, wird zurückgelassen in einer Zwickmühle aus Unsicherheit und permanenter epistemischer Anspannung (epistemisches Misstrauen). Klientinnen und Klienten mit epistemischem Misstrauen können sich häufig nicht auf die eigene Wahrnehmung verlassen und weder fremden Personen noch Bezugspersonen (z. B. einer Sozialpädagogin) trauen. Sie sind damit von sozialen Lernprozessen abgeschnitten. Ein Individuum mit epistemischem Misstrauen kann sich dadurch nur schwer durch interpersonale Erfahrungen verändern. Epistemisches Misstrauen ist kein Mangel an Interesse oder (Veränderungs-)Motivation. Im Gegenteil, wir können häufig ein drängendes Bedürfnis nach Validierung der eigenen Erfahrungen finden, das in Kombination mit dem basalen Misstrauen eine große Verunsicherung über die Bedeutung der eigenen Erfahrungen auslöst (Kirsch, Brockmann u. Taubner, 2016).

Die Bedeutung des Mentalisierungskonzepts für die Soziale Arbeit wird in der Literatur wiederholt hervorgehoben, beispielsweise unterstützen Allen, Fonagy und Bateman (2011) die Einbeziehung von Sozialpädagogen in der Anwendung mentalisierungsfördernder Interventionen. Auch Mertens (2012, S. 122) betont die breite Anwendbarkeit des Konzepts: »Das Mentalisierungskonzept lässt sich nicht nur bei Menschen […] in Psychotherapie, in der präventiven Arbeit mit Problemfamilien und in der Sozialen Arbeit sowie in pädagogischen Handlungsfeldern einsetzen, sondern darüber hinaus auch in der politischen Auseinandersetzung mit globalen Konflikten.« Mittlerweile existiert ein breites Spektrum an Erfahrungen mit mentalisierungsfördernden Ansätzen in der Sozialen Arbeit. In den letzten Jahren wurden in Schulen oder Stadtteilprojekten Gewaltpräventionsprojekte erprobt (z. B. Twemlow u. Fonagy, 2009; Straub u. Stavrou, 2014) oder Motivationsprobleme und Beziehungsstörungen zwischen Jugendlichen, Betreuenden und Lehrkräften bearbeitet (Taubner, Curth, Unger u. Kotte, 2014). Als teambasierter Zugang für die (Soziale) Arbeit mit schwer erreichbaren Jugendlichen wurde das Adolescent Mentalization-Based Integrative Treatment (AMBIT) entwickelt (Bevington, Fuggle u. Fonagy, 2015). Im Rahmen »Früher Hilfen« oder mentalisierungsfördernder Erziehungsberatung werden Familien in schwierigen Lebenssituationen unterstützt (z. B. Sadler, Slade u. Mayes, 2009; Kaufmann u. Zimmer, 2014; Bark, Baukhage u. Cierpka, 2016). Aufbauend auf einer kontinuierlichen Beziehung (zu einer Sozialpädagogin, Erzieherin oder Kinderkrankenschwester) und der Bereitstellung von Hilfen und Informationen werden Interventionen wirksam, die theoretisch und klinisch auf der Bindungstheorie und dem Mentalisierungskonzept basieren. Eltern lernen dadurch, die psychischen Zustände ihrer Kinder sensibler wahrzunehmen und effektiver zu regulieren (Sadler et al, 2009). Fonagy (2003) betont, dass entwicklungsbezogene Anleitung, kurze Kriseninterventionen, unterstützende Behandlung und konkrete Hilfen bei alltäglichen Lebensproblemen in Verbindung mit einsichtsorientierten Interventionen gut in den bindungstheoretischen Bezugsrahmen passen. Das innere Arbeitsmodell für die Versorgung des Kindes habe sich bei vielen Eltern durch die Wertschätzung, Aufmerksamkeit und empathische Empfänglichkeit der Sozialarbeiterin oder Therapeutin verändert.

Strukturbezogene Pädagogik

Gerd Rudolf (2009) entwickelte, ausgehend von der Beschäftigung mit der mehrdimensionalen »Operationalisierten Psychodynamischen Diagnostik« (OPD), einen eigenen psychotherapeutischen Ansatz, den er »strukturbezogene Psychotherapie« nennt. Dieser soll hier Grundlage sein für einen Transfer in die Pädagogik (strukturbezogene Pädagogik).

Als strukturelle Störungen werden psychische Störungen bezeichnet, die als Folge früher Beziehungsstörungen meist durch frühe Abwehrmechanismen, Störungen der Selbstregulation und verzerrte Selbst- und Objektwahrnehmung auffallen. Mit der Struktur-Achse der OPD (Achse IV, OPD-2; Arbeitskreis OPD, 2006) wird das Strukturniveau einer Persönlichkeit differenziert. Dabei sind folgende Dimensionen wichtig für die Einschätzung des individuellen Strukturniveaus:

- Erleben des Selbst (Selbstwahrnehmung, Selbstreflexion, Selbstbild, Identität, Affektdifferenzierung): Hat Christian ein kohärentes Bild von sich und hat er eine Sprache für seine psychischen Prozesse?
- Objekterleben (Selbst-Objekt-Differenzierung, Empathie, ganzheitliche Objektwahrnehmung, objektbezogene Affekte): Wie wichtig sind die anderen für Christian und kann er sich abgegrenzt erleben? Kann er sich zum Beispiel in Beziehungen einlassen?
- Abwehrmechanismen: Fähigkeiten, das seelische Gleichgewicht in Konflikten aufrechtzuerhalten. Welche Abwehrmechanismen benutzt Christian? Und was wird abgewehrt?
- Bindungen: Fähigkeit, innere Repräsentanzen der Bezugspersonen zu errichten und längerfristig mit Empfindungen zu besetzen; Fähigkeit, Bindungen zu lösen und sich auf Bindungen einzustellen: Kann sich Christian emotional an andere binden?
- Das emotionale Erleben: Erlebt Christian unterschiedliche Affekte, wie groß ist seine Affekttoleranz? Wie werden Impulse und Selbstwert reguliert?

Rudolf geht davon aus, dass Menschen mit gering integriertem Strukturniveau (z. B. bei desorganisierter Bindung oder frühen Traumata) eine aktiv unterstützende Haltung des Therapeuten oder der Pädagogin brauchen.

Menschen wie Christian sind darauf angewiesen, den Anderen zu kontrollieren, da sie sich selbst schwer regulieren können. Sie tun dies nicht aus einem Bedürfnis nach Macht heraus, sondern als eine Form der Affektregulierung. Es geht in erster Linie »nicht um die Scham der Unterordnung, sondern um die Angst vor dem Verlust der Sicherheit im eigenen Selbst« (Rudolf, 2009, S. 92). Der Kern von strukturellen Störungen bezieht sich zunächst nicht auf die Inhalte, etwa Aggression, Sexualität oder Elternbeziehung, sondern auf den

Umgang mit diesen Themen (Regulierung), woraus sich andere therapeutische Interventionen ergeben.

In den entwicklungspsychologischen Grundannahmen zeigen die Modelle der Strukturentwicklung und die Bindungstheorie Überschneidungen. Die sich ständig wiederholenden Regulationsvorgänge im Rahmen einer Bindungsbeziehung an verlässliche Bezugspersonen bewirken gleichzeitig die Einübung der strukturellen Funktionen, wie Affektregulierung, Aufbau eines Selbstverständnisses auf der Grundlage von erfahrener Empathie, Eröffnung eines psychischen Binnenraums, zum Beispiel in der zunehmenden Fähigkeit der Affektdifferenzierung (S. 92).

Rudolf verweist darauf, dass nicht das Vorhandensein des »Bösen«, sondern das Fehlen des »Guten« bzw. Beruhigenden zentral ist für die Steuerung von Angst, Wut, Verzweiflung und Schmerz. Für unser Fallbeispiel Christian können daher folgende Hypothesen aufgestellt werden:

Christians Selbsterleben erscheint labil, ungesteuert, oft emotional überflutet oder entleert. Es fällt ihm schwer, sich selbst realistisch wahrzunehmen oder die Beziehungsschwierigkeiten in der Schule oder mit den Eltern zu reflektieren. Sein Satz »Isch bin doch keen Kloppi« deutet darauf hin, dass er eine Ahnung hat, wie andere ihn sehen könnten, und dass er gern anders gesehen werden möchte. Affekte werden erst spät wahrgenommen und kaum differenziert. Schamgefühle, Unsicherheit, Ängste und Wut werden abgewehrt. Die Fahrt mit der U-Bahn zeigt, wie unsicher, ratlos und überfordert er bei nicht alltäglichen Herausforderungen ist, wenn eine Bezugsperson (Vater) nicht dabei ist. Regressive Wünsche (im Bett der Mutter schlafen) werden wohl am ehesten erfüllt, wenn die Mutter diese als ihre Wünsche äußert (zur Abwehr eigener Schuldgefühle). Er möchte wieder »Spaß« haben, sieht aber die Schuld bei den anderen, den Eltern, die ihn daran hindern. Motive, psychische Prozesse bei sich oder anderen werden kaum wahrgenommen. Eine Perspektivenübernahme gelingt kaum.

Christians Eltern haben ihm zunächst die Hoffnung vermittelt, seine ausgesprochenen und unausgesprochenen Wünsche zu erfüllen (z. B. Anerkennung, Geborgenheit), ihn wieder zurückzuholen. Jedoch waren sie kaum in der Lage, ihm ein Zimmer, einen eigenen Raum einzurichten. Christian muss ziemlich enttäuscht gewesen sein, verschließt sich (wie ein Panzer), wird unberührbar und versucht, sich von den Eltern unabhängig zu machen (wünscht sich eine eigene »Bude«) und seine Interessen durchzusetzen. Mit viel Empathie scheint er nicht rechnen zu können und kann sich selbst nicht in die Eltern einfühlen – vielleicht in eines der Haustiere, aber darüber wissen wir wenig. Sein Objekterleben ist eingeschränkt hinsichtlich einer realistischen Wahrnehmung der anderen, hinsichtlich Empathie und Kontaktfähigkeit.

Ein wichtiger Aspekt der strukturellen Störung ist die spezifische Form der Abwehr, die oft archaische Abwehr genannt wird. Mit deren Hilfe versucht die Person, sich gegen die überwältigend und bedrohlich erlebte Innenwelt oder Umwelt zu schützen. Christian benutzt eher frühe Abwehrmechanismen (wie Projektion, Größenphantasien und Entwertung) oder er agiert Impulse aus, wird aggressiv, versucht, den Anderen zu manipulieren. Auch dies deutet auf eine wenig integrierte Selbststruktur hin.

Aufgrund wenig reflexiv-einfühlsamer Bezugspersonen in der frühen Kindheit und wiederkehrender Verluste von Bezugspersonen (Pflegemutter, Peers, Eltern und Geschwister) kann angenommen werden, dass er desorganisiert gebunden ist. Die Erfahrung lehrte ihn, dass es keine einfühlsamen, verlässlichen Bindungen gibt, die ihn aushalten. Dies hat Auswirkungen auf das Selbstbild und die Bereitschaft, sich einzulassen. Christian wird »unberührbar«, kann sich sozialen Lernprozessen kaum öffnen oder sich auf jemand anderen einlassen.

Rudolf geht davon aus, dass man in der Arbeit mit Menschen mit gering integriertem oder desintegriertem Strukturniveau eine andere pädagogische Haltung entwickeln muss, um einen fördernden Dialog herstellen zu können. Der Pädagoge, die Pädagogin sollte sich als entwicklungsförderndes Gegenüber zur Verfügung stellen. Er oder sie darf sich nicht verstricken in die entwertenden, aggressiven Beziehungsäußerungen oder Re-Inszenierungen und sich nicht entmutigen lassen. Dazu ist es notwendig, auch positive Seiten zu entdecken, die es dem Betreffenden bisher ermöglicht haben, sein Leben einigermaßen zu bewältigen. Rudolf (2009, S. 120) führt aus: Die wichtigste therapeutische Haltung ist es, sich »hinter den Patienten« zu stellen. Das bedeutet, die Sicht des Patienten zu teilen in Form der Identifizierung, die Klage des Patienten aufzunehmen im Sinne des Containing, das Annehmen des fremden Leids im Sinne des Erbarmens, die Ich-Funktionen zur Verfügung zu stellen im Sinne eines Hilfs-Ichs, Schaden für den Patienten zu vermeiden versuchen durch Vorsorgen im Sinne der Übernahme der Sorge und Hilfestellung zu geben als Mentor und Elternersatz im Sinne der Unterstützung.

Strukturbezogene Pädagogik bzw. Psychotherapie ist ein Verfahren, das deutlich direktivere Züge aufweist als die klassische psychoanalytische Therapie und das sich auf Menschen bezieht, die durch ihre Wiederholungen, Re-Inszenierungen oder die Intensität ihrer Emotionen als »schwer auszuhalten« gelten. Zu den therapeutischen Interventionen, die von Rudolf angeführt werden (2009, S. 133), sind folgende auf die Pädagogik und unser Fallbeispiel übertragbar:

- Christian wird angeregt, sich selbst mitzuteilen, etwa über Erzählungen, Erinnerungen, Träume, Selbstwahrnehmungen, über Sprache oder andere Medien.
- Die Einladung zur Selbstreflexion geschieht oft mit ganz konkreten Fragen: »Wie siehst du die Situation, was läuft in dir ab, welche Gefühle drängen sich auf?«
- Die antwortenden Mitteilungen des Pädagogen beziehen sich auf dessen eigenes emotionales Erleben. Sie können akzeptierend-identifikatorisch sein, sie können Unterscheide betonen, aber auch konfrontativ sein. Der Pädagoge kann seine persönliche Wahrnehmung zur Verfügung stellen, indem er sein Erleben und das Verhalten von Christian beschreibt und zusammenfasst.
- Der Pädagoge fungiert als Chronist für die Erfahrungen von Christian. Er sammelt die Erzählungen, fügt sie zu einem Ganzen zusammen und stellt sie zur Verfügung.

Christian soll lernen, seine Verhaltensmuster als emotionale Antwort auf eine aktuelle innere oder äußere Situation zu verstehen. Diese Schemata der Wahrnehmung sind aufgrund der biografischen Erfahrungen entstanden und als Bewältigungsversuche zu verstehen. Die Verhaltensmuster sollen als etwas Eigenes akzeptiert werden, für das Verantwortung zu übernehmen ist und für das es immer (!) alternative Möglichkeiten gibt.

Traumapädagogik

Unter Traumatisierung versteht man Erfahrungen existenzieller Bedrohung und Ohnmacht von besonderer Intensität, welche die psychischen Verarbeitungsmöglichkeiten einer Person überfordern. Sowohl akute Traumata als auch lang andauernde wie Vernachlässigung und psychische Gewalt können Traumafolgestörungen auslösen. Trauma ist verknüpft mit Angst und Trauer, und nicht immer kann man Angst, Trauer und Verlust von Bedrohung und Zerstörung abgrenzen. Laut Becker (2006) müsse die psychische Symptombildung von unmittelbaren Reaktionen auf Folter, Bedrohung und realer Zerstörung unterschieden werden. Ziel ist eine Differenzierung, damit einer Individualisierung und Pathologisierung der Opfer entgegengewirkt werden kann. Becker (2006) kritisiert daher das medizinisch-psychologische Traumakonzept (z. B. die Definition der Posttraumatischen Belastungsstörung in ICD-10 und DSM) und fordert, stärker die gesellschaftlichen und sozialen Bedingungen einzubeziehen: »Ich glaube, es ist an der Zeit, umzudenken und in Bezug auf den Umgang mit sozialpolitischen Traumatisierungsprozessen einen radikalen Veränderungsprozess in Theorie und Praxis einzufordern. Traumaforschung darf nicht weiter als Krankheitslehre entwickelt werden. Individuelles Leid anzuerkennen und zu verstehen kann auch anders als nur durch die Optik eines Mediziners geleistet werden […]. Diese Ebene der Analyse ernst zu nehmen, muss nicht heißen, die individualpsychologische Problematik zu ignorieren. Im Gegenteil, erst auf diesem Hintergrund kann sie wirklich herausgearbeitet werden« (Becker, 2006, S. 10).

Vor ungefähr zehn Jahren entstand eine pädagogische Bewegung, die neue Impulse im pädagogischen Umgang mit Trauma und Traumafolgestörungen (insbesondere bei Kindern und Jugendlichen) setzte. Ihre Wurzeln liegen in der psychoanalytischen Pädagogik, der Bindungstheorie (Weiß, 2011; Gahleitner, 2015), den Erkenntnissen aus der Traumaforschung sowie in systemischen Ansätzen und der Dialektisch Behavioralen Therapie (z. B. Skillstraining; Keller u. Friedrich, 2016). Wilma Weiß (2011) fordert, traumaspezifisches Wissen solle in die Pädagogik integriert werden, damit ein Konzept der Zusammenarbeit zwischen Therapie und Pädagogik entstehen kann. Weiß kritisiert deutlich die Verlagerung der Bewältigung von traumatischen Ereignissen in die Therapie und fordert eine Auseinandersetzung mit dem Trauma in der Pädagogik. Der Fokus liegt dabei auf der Gestaltung des pädagogischen Alltags in Einrichtungen der Erziehungshilfe.

Ausgehend vom Modell der »sequentiellen Traumatisierung« nach Hans Keilson (1979) betont die Traumapädagogik stärker den Prozess der Traumatisierung und Verarbeitung. Insbesondere die Zeit nach einer Traumatisierung oder Verfolgung spielt für die psychische Gesundheit der Opfer eine bedeutsame Rolle. »Soziale Unterstützung wirkt mehr als die Stärke der Traumaexposition« (Gahleitner, 2015, S. 13). Daher empfiehlt Gahleitner (S. 13), erstens umfassend Sicherheit herzustellen (sicherer Ort), zweitens die Trauma- und Problembewältigung aktiv zu unterstützen und schließlich die Integration in den Lebensalltag zu fördern.

Im Alltag bedeutet der »sichere Ort« eine sichere äußere Umgebung und Distanz zu der Bedrohung. Eine neue Umwelt, zum Beispiel in der Pflegefamilie oder in einer Wohngruppe, ist aber immer auch eine potenziell unsichere Umwelt. Es gilt also, sichere Orte zur Verfügung zu stellen, in denen das Kind beachtet und beschützt wird und die Umgebung »sicher« gestaltet wird, dabei sind Rückzugsräume für Kinder in schwierigen Situationen besonders wichtig. Der »sichere Ort« ist erst einmal erkennbar am äußeren Setting, aber er hat auch interne Bedingungen, die ohne die Beziehung zwischen Kindern und

Helfern nicht gedacht werden können. Insofern ist der »sichere Ort« zweierlei: eine Qualität des Raumes und eine Qualität der Beziehung. Im Fallbeispiel Christian würden aus traumapädagogischer Perspektive, neben dem Beziehungsaufbau, diagnostische Aspekte des inneren Arbeitsmodells Christians (Bindung) sowie des Traumas (evtl. Vernachlässigung) und der Traumafolgesymptome (wie Dissoziation, Hypervigilanz, Konzentrationsstörungen, aggressives Verhalten) am Anfang stehen. Der Schwerpunkt des Konzepts liegt aber dann in der Gestaltung eines »sicheren Ortes« und dem Aufbau bzw. der Gestaltung tragfähiger Beziehungen, um auf traumapädagogische Ziele hinzuarbeiten. Hier werden Techniken und Trainings (z. B. Skillstraining) eingesetzt, die an typischen Schwächen und Themen von schwer belasteten Kindern und Jugendlichen ansetzen. Die Stärke dieses Modells liegt in der Strukturierung des pädagogischen Alltags und Settings unter Berücksichtigung typischer traumabedingter Verhaltens- und Erlebensmuster.

Ein traumapädagogisches Ziel könnte sein, mit Christian in Beziehung zu treten und zu arbeiten, damit er sich seiner eigenen Situation bewusster werden kann. Das lässt ihn wieder zum Subjekt seiner Handlungen werden. Eine verbesserte Fähigkeit, seine Emotionen zu steuern, kann ein weiteres Ziel sein. Christian kann seine Emotionen schlecht steuern. Sie wechseln schnell, insbesondere unter Stress ist Christian ihnen ausgeliefert. Wilma Weiß (2011) nennt als dritten Punkt die Selbstwirksamkeit. Wahrscheinlich ist die traumatische Hilflosigkeit, mutterseelenallein und ohnmächtig ausgeliefert zu sein, am schwierigsten zu ertragen. Selbstwirksamkeit entsteht dann, wenn Christian das Gefühl bekommt, auf die Personen seiner Umgebung einwirken zu können und Situationen selbst gestalten zu können. Dabei helfen das Erkennen und Aktivieren von Ressourcen: sowohl internale Fähigkeiten, wie Körperwahrnehmung oder die Fähigkeit, sich selbst zu trösten, als auch externale Fähigkeiten, wie Beziehungen zu aktivieren und Unterstützung und Hilfe einzuholen durch unterschiedliche Personen oder Übergangsobjekte.

Daher ist die strukturelle und kommunikative Umgebung für Christian wichtig. Die Gruppe, in der Christian leben soll, muss haltgebende Strukturen haben. Diese Strukturen setzen sich nicht nur aus Beziehungen, Zeit- und Ortsstrukturen zusammen, also wo und wann etwas stattfindet. Sie setzen sich auch aus regelmäßigen Gruppenaktivitäten zusammen, die durchaus ritualisierten Charakter haben können, und es gehört dazu, dass die An- und Abwesenheit der Pädagoginnen bekannt ist, sodass jedes Kind weiß, wer wann im Dienst ist und wer wann kommt.

Das große Problem traumatisierter Kinder, die Zerstörung von stabilen Bindungsmustern, ist nicht direktes Thema der Pädagogen, aber bindungsförderndes Verhalten kann im Alltag über gemeinsame Erlebnisse von Pädagogen und Kindern geschehen, die bewusst wahrgenommen und möglichst auch in Sprache gefasst werden. Voraussetzung für bindungsförderndes Verhalten ist eine weitgehend angstfreie Gestaltung des Alltags. Diese angstfreie Gestaltung des Alltags bedarf der Regeln. Regeln sind nicht widersprüchlich zu Bindungswünschen und Bindungsmöglichkeiten, aber Regeln müssen transparent und auch reflektiert und mitbestimmt sein. Für Christian wäre zu wünschen, dass er in eine stationäre Jugendhilfeeinrichtung kommt, in der diese Bedingungen erfüllt sind.

6 Abschließende Bemerkungen

Einerseits sind viele Handlungsfelder der Sozialen Arbeit geprägt von Methoden und Konzepten mit starkem Praxisbezug, aber ohne dezidierten Theoriebezug (z. B. Biografiearbeit, motivationale Gesprächsführung, Erlebnis- und Kulturpädagogik, Tierpädagogik). Dieses eklektizistische Vorgehen wird vielerorts beklagt. Andererseits kann psychodynamische Soziale Arbeit, will sie wirksam sein, es sich nicht leisten, die gesellschaftliche Wirklichkeit, wie in der psychoanalytischen Therapie, auszuschließen oder sich auf eine Deutungs- und Interpretationsrolle ex post zurückzuziehen (wie in der Supervision). Studierende fordern häufig und mit Recht durchschaubare (pädagogische) Handlungskonzepte, etwa in der sozialen Gruppenarbeit, und reflexive, psychodynamische Beziehungsmodelle für die Gestaltung eines fördernden Dialogs. Anhand des Fallbeispiels und der daran anknüpfenden Interpretationen haben wir versucht, psychodynamisches Verstehen mit Handlungskonzepten zu verbinden. In diesem Sinne werden die Positionsbestimmungen zwischen Psychoanalyse und Pädagogik notwendigerweise fortgesetzt und neue Impulse gesetzt für die psychodynamische Soziale Arbeit.

Literatur

Adler, A. (2009). Gesellschaft und Kultur (1897–1937). Hrsg. von A. Bruder-Bezzel. Göttingen: Vandenhoeck & Ruprecht.

Adler, A., Furtmüller, C. (1914/1973). Heilen und Bilden. Frankfurt a. M.: Fischer.

Aichhorn, A. (1925/1977). Verwahrloste Jugend (7. Aufl.). Bern: Huber.

Allen, J. G., Fonagy, P., Bateman, A. W. (2011). Mentalisieren in der psychotherapeutischen Praxis. Stuttgart. Klett-Cotta.

Arbeitskreis OPD (Hrsg.) (2006). Operationalisierte Psychodynamische Diagnostik – OPD 2. Bern: Huber.

Baer, J. C., King, M. S., Wilkenfeld, B. (2012). Is it generalized anxiety disorder or poverty? An examination of poor mothers and their children. Child and Adolescent Social Work Journal, 29, 345–355.

Bark, C., Baukhage, I., Cierpka, M. (2016). A mentalization-based primary prevention program for stress prevention during the transition from family care to day care. Mental Health and Prevention, 4, 49–55.

Bateman, A. W. (2016). Vorwort. In H. Kirsch, J. Brockmann, S. Taubner (Hrsg.), Praxis des Mentalisierens (S. 9–20). Stuttgart. Klett-Cotta.

Becker, D. (2006). Die Erfindung des Traumas – verflochtene Geschichten. Berlin: Edition Freitag.

Bernfeld, S. (1925/1994). Sisyphos oder die Grenzen der Erziehung. Frankfurt a. M.: Suhrkamp.

Bernfeld, S. (1929/1969). Der soziale Ort und seine Bedeutung für Neurose, Verwahrlosung und Pädagogik. In S. Bernfeld, Antiautoritäre Erziehung und Psychoanalyse. Bd. 2. Frankfurt a. M.: März.

Bevington, D., Fuggle, P., Fonagy, P. (2015). Applying attachment theory to effective practice with hard-to-reach youth: The AMBIT approach. Attachment & Human Development. London: Routledge.

Binder-Klinsing, G. (2016). Psychodynamische Supervision. Göttingen: Vandenhoeck & Ruprecht.

Bittner, G. (1973). Psychoanalyse und das Handeln des Erziehers. Zeitschrift für Pädagogik, 19, 77–89.

Bosma, M. (2008). Sozioökonomische Gesundheitsunterschiede und die Rolle der Kontrollüberzeugungen. In J. Siegrist, M. Marmot (Hrsg.), Soziale Ungleichheit und Gesundheit: Erklärungsansätze und gesundheitspolitische Folgerungen (S. 195–211). Bern: Huber.

Bourdieu, P. (1982). Die feinen Unterschiede. Kritik der gesellschaftlichen Urteilskraft. Frankfurt a. M.: Suhrkamp.

Bourdieu, P. (2005). Ökonomisches Kapital – Kulturelles Kapital – Soziales Kapital. In P. Bourdieu, Die verborgenen Mechanismen der Macht (S. 49–79). Hamburg: VSA-Verlag.

Brockmann, J., Kirsch, H. (2015). Mentalisieren in der Psychotherapie. Psychotherapeutenjournal, 14, 13–22.

Brockmann, J., Kirsch, H. (2017). Psychoanalytische Arbeit und Mentalisierungskonzept – Neue Perspektiven und Grenzverschiebungen. Vortrag auf der 67. Jahrestagung der DGPT zum Thema Grenzen, 1.10.2016. Gießen: Psychosozial-Verlag (im Druck).

Bruder-Bezzel, A. (1999). Geschichte der Individualpsychologie (2., neu bearb. Aufl.). Göttingen: Vandenhoeck & Ruprecht.

Brumlik, M. (2004). Advokatorische Ethik. Zur Legitimation pädagogischer Eingriffe. Berlin: Philo-Verlag.

Brumlik, M. (2007). Kinder als Anwälte ihrer alten Eltern? Prinzipien der advokatorischen Ethik. In A. Bauer, K. Gröning (Hrsg.), Die späte Familie. Intergenerationenbeziehungen im hohen Lebensalter (S. 119–130). Gießen: Psychosozial-Verlag.

Bruns, G. (2006). Was ist psychoanalytische Sozialarbeit? Kinderanalyse, 14, 4–20.

Büttner, C., Finger-Trescher, U., Schärpler, M. (Hrsg.) (1990). Psychoanalyse und soziale Arbeit. Gießen: Psychosozial-Verlag.

Datler, W. (1995a). Bilden und Heilen. Auf dem Weg zu einer pädagogischen Theorie psychoanalytischer Praxis. Wien: Empirie-Verlag.

Datler, W. (1995b). Szenisches Verstehen, fördernder Dialog und psychoanalytisch-pädagogisches Handeln. Zum wissenschaftlichen Werk Hans-Georg Treschers. In Evangelische Fachhochschule Darmstadt, Fördernder Dialog. Psychoanalytische Pädagogik als Handlungstheorie. Zum Gedenken an Prof. Dr. habil. Hans-Georg Trescher (S. 25–48). Darmstadt: Bogen-Verlag.

Datler, W., Fürstaller, M., Wininger, M. (2015). Zum Selbstverständnis Psychoanalytischer Pädagogik und zur Geschichte ihrer Institutionalisierung. Eine Einführung in den Band. In M. Fürstaller, W. Datler, M. Wininger (Hrsg.), Psychoanalytische Pädagogik: Selbstverständnis und Geschichte. Opladen u. a.: Barbara Budrich.

Datler, M., Wininger (2010). Gefährdet das Interesse an Empirie die disziplinäre Identität der Bildungswissenschaft? Pädagogische Rundschau, 64, 701–724.

DGSv – Deutsche Gesellschaft für Supervision e. V. (2012). Supervision – ein Beitrag zur Qualifizierung Sozialer Arbeit. www.dgsv.de/wp-content/uploads/2011/12/grundlagenbroschuere_2012.pdf (5.4.2017).

Eggert-Schmid Noerr, A. (1995). Hans-Georg Trescher: Zur Würdigung eines Lebenswerkes. In Evangelische Fachhochschule Darmstadt, Fördernder Dialog. Psychoanalytische Pädagogik als Handlungstheorie. Zum Gedenken an Prof. Dr. habil. Hans-Georg Trescher (S. 9–23). Darmstadt: Bogen-Verlag.

Egle, U. T. (2015). Gesundheitliche Langzeitfolgen psychischer Traumatisierung in Kindheit und Jugend. In Nationales Zentrum Frühe Hilfen in der BZgA (Hrsg.), Stellt die frühe Kindheit Weichen? (S. 66–74). www.bzga.de/infomaterialien/?sid=-1&idx=2552 (14.11.2015).

Erdheim, M. (1994). Psychoanalyse und Unbewußtheit in der Kultur. Frankfurt a. M.: Suhrkamp.

Fatke, R. (1995). Rezension des Jahrbuchs für Psychoanalytische Pädagogik, Bd. 1–4. Zeitschrift für Pädagogik, 41.

Fearon, P., Target, M., Fonagy, P., Williams, L. L., McGregor, J., Sargent, J., Bleiberg, E. (2009). Mentalisierungs- und beziehungsorientierte Kurzzeittherapie (SMART): eine integrative Familientherapie für Kinder und Jugendliche. In J. G. Allen, P. Fonagy (Hrsg.), Mentalisierungsgestützte Therapie: Das MBT-Handbuch. Konzepte und Praxis (S. 285–313). Stuttgart: Klett-Cotta.

Figdor, H. (2001). Wieviel Erziehung braucht der Mensch? In H. Figdor (Hrsg.), Praxis der Psychoanalytischen Pädagogik, II. Vorträge und Aufsätze. Gießen: Psychosozial-Verlag.

Fonagy, P. (2003). Bindungstheorie und Psychoanalyse. Stuttgart: Klett-Cotta.

Fonagy, P., Allison, E. (2014). The role of mentalizing and epistemic trust in the therapeutic relationship. Psychotherapy, 51, 372–380.

Fonagy, P., Gergely, G., Jurist, E., Target, M. (2004). Affektregulierung, Mentalisierung und die Entwicklung des Selbst. Stuttgart: Klett-Cotta.

Fonagy, P., Target, M. (2006). Psychoanalyse und die Psychopathologie der Entwicklung. Stuttgart: Klett-Cotta.

Freud, A. (1930/2011). Einführung in die Psychoanalyse für Pädagogen. Bern: Huber.

Freud, A. (1936/1984). Das Ich und die Abwehrmechanismen. Frankfurt a. M.: Fischer.

Freud, S. (1925/2005). Vorwort. In A. Aichhorn, Verwahrloste Jugend (11. Aufl.). Bern: Huber.

Freud, S. (1926/1989). Die Frage der Laienanalyse. GW XIV (S. 285–286). Frankfurt a. M.: Fischer.

Fröhlich, V. (2015). Was ist das Pädagogische an der Psychoanalytischen Pädagogik? In M. Fürstaller, W. Datler, M. Wininger (Hrsg.), Psychoanalytische Pädagogik: Selbstverständnis und Geschichte (S. 41–52). Opladen: Barbara Budrich.

Gahleitner, S. (2015). »Ihr seid gemeint, ihr seid die Richtigen« – Psychosoziale Fachkräfte in der Arbeit mit traumabelasteten Kindern. Fachtag »Traumapädagogik überwindet Grenzen« am 19./20.11.2015 in Dornbirn/Österreich. www.bag-traumapaedagogik.de/index.php/downloads.html (7.4.2017).

Gödde, G., Buchholz, M. B. (2011). Unbewusstes. Gießen: Psychosozial-Verlag.

Göppel, R. (2015). Bin ich ein »Psychoanalytischer Pädagoge« – und falls ja, in welchem Sinne? In M. Fürstaller, W. Datler, M. Wininger (Hrsg.), Psychoanalytische Pädagogik: Selbstverständnis und Geschichte (S. 53–68). Opladen: Barbara Budrich.

Goffman, E. (1991). Wir alle spielen Theater. Die Selbstdarstellung im Alltag. München: Piper.

Gstach, J., Datler, W. (2001). Zur Geschichte und Konzeption der individualpsychologischen Erziehungsberatung im Wien der Zwischenkriegszeit. Zeitschrift für Individualpsychologie, 26, 200–221.

Günter, M., Bruns, G. (2010). Psychoanalytische Sozialarbeit: Praxis, Grundlagen, Methoden. Stuttgart: Klett-Cotta.

Hackewitz, W. von (1990). Zum Verhältnis von Psychoanalyse und Sozialarbeit. In C. Büttner u. a. (Hrsg.), Psychoanalyse und soziale Arbeit. Mainz: Grünewald.

Handlbauer, B. (1990). Die Adler-Freud-Kontroverse. Frankfurt a. M.: Fischer.

Hartmann, H. (1939/1975). Ich-Psychologie und Anpassungsprobleme (3. Aufl.). Stuttgart: Klett.

Hradil, S. (2001). Soziale Ungleichheit in Deutschland (8. Aufl.). Opladen: Leske und Budrich.

Hurrelmann, K., Bauer, K., Bittlingmayer, M. (2009). Health Inequalities: Ein Schicksal moderner Industriegesellschaften? Jahrbuch für Kritische Medizin und Gesundheitswissenschaften, 43, 13–35.

Kaufmann, L., Zimmer, S. (2014). Mentalisierungsgestützte Erziehungsberatung. In H. Kirsch (Hrsg.), Das Mentalisierungskonzept in der Sozialen Arbeit (S. 62–82). Göttingen: Vandenhoeck & Ruprecht.

Keilson, H. (1979). Sequentielle Traumatisierung bei Kindern. Stuttgart: Enke.

Keller, M., Friedrich, S. (2016). Traumapädagogische Haltungen, Standards und Skills für die Praxis psychosozialer Fachkräfte. Vortrag auf dem Fachtag der Bundesarbeitsgemeinschaft Traumapädagogik »Trauma und Flucht« – Pädagogische Hilfen zwischen aktueller Lebensweltorientierung und Kultursensibilität am 17. und 18.11.2016 in Bielefeld/ Deutschland. www.bag-traumapaedagogik.de/index.php/downloads. html (7.4.2017).

Kirsch, H., Brockmann, J., Taubner, S. (2016). Praxis des Mentalisierens. Stuttgart: Klett-Cotta.

Kirsch, H., Grebenstein, M. (2011). »Isch bin doch keen Kloppi!« – Trauma und Männlichkeitsinszenierungen in der frühen Adoleszenz. Unveröffentlichtes Manuskript (vom Autor zu beziehen).

Kirsch, H., Jost, H. (2016). Aspekte interkultureller Öffnung in der psychosozialen Versorgung. Arbeitspapiere aus der Evangelischen Hochschule Darmstadt. https://www.eh-darmstadt.de/fileadmin/user_upload/PDFs/ Forschung/Arbeitspapier_Nr_23.pdf (5.4.2017).

Kirsch, H., Zapp, H. (2017). Mentalisieren in Sozialen Organisationen. In S. Kotte, S. Taubner (Hrsg.), Mentalisieren in Organisationen. Berlin: Springer (im Druck).

Köhler-Offierski, A. (2014). Das Mentalisierungskonzept im Kontext der Lehre und Aufgaben Sozialer Arbeit. In H. Kirsch (Hrsg.), Das Mentalisierungskonzept in der Sozialen Arbeit (S. 51–56). Göttingen: Vandenhoeck & Ruprecht.

Kölch, M. (2002). Die Berliner Individualpsychologie von 1924 bis 1933. Zeitschrift für Individualpsychologie, 27, 257–269.

Körner, J. (2009). Psychoanalyse und Psychotherapie, Bildung und Erziehung. Forum der Psychoanalyse, 311–321.

Kotte, S., Taubner, S. (2016). Mentalisierung in der Teamsupervision. Organisationsberatung, Supervision, Coaching, 75, 75–89.

Krais, B., Gebauer, G. (2002). Habitus. Bielefeld: transcript.

Kutter, P. (1974). Sozialarbeit und Psychoanalyse. Göttingen: Vandenhoeck & Ruprecht.

Leber, A. (1991). Zur Begründung des fördernden Dialogs in der Psychoanalytischen Pädagogik. In G. Iben (Hrsg.), Das Dialogische in der Heilpädagogik. Mainz: Grünewald.

Lorenzer, A. (1973a). Das szenische Verstehen. In A. Lorenzer, Sprachzerstörung und Rekonstruktion (S. 138–194). Frankfurt a. M.: Suhrkamp.

Lorenzer, A. (1973b). Über den Gegenstand der Psychoanalyse oder: Sprache und Interaktion. Frankfurt a. M.: Suhrkamp.

Luyten, P., Fonagy, P., Lowyck, B., Vermote, R. (2015). Beurteilung des Mentalisierens. In A. W. Bateman, P. Fonagy (Hrsg.), Handbuch Mentalisieren (S. 67–90). Gießen: Psychosozial-Verlag.

Menne, K. (2015). Psychotherapeutisch kompetente Erziehungsberatung – ihre Rahmenbedingungen und rechtlichen Grundlagen. Praxis der Kinderpsychologie und Kinderpsychiatrie, 64, 1, 4–19.

Mentzos, S. (1988). Interpersonale und institutionalisierte Abwehr. Frankfurt a. M.: Suhrkamp.

Mertens, W. (2012). Psychoanalytische Schulen im Gespräch. Bd. 3: Psychoanalytische Bindungstheorie und moderne Kleinkindforschung. Bern: Huber.

Müller, B., Trescher, H.-G. (1995). Analyse und Praxis. Eine Einführung in Siegfried Bernfelds Sozialpädagogik. In Evangelische Fachhochschule Darmstadt, Fördernder Dialog. Psychoanalytische Pädagogik als Handlungstheorie. Zum Gedenken an Prof. Dr. habil. Hans-Georg Trescher (S. 57–68). Darmstadt: Bogen-Verlag.

Nickel, R., Egle, U. T. (2006). Psychological defense styles, childhood, adversities and psychopathology in adulthood. Child Abuse & Neglect, 30, 157–170.

Rudolf, G. (2009). Strukturbezogene Psychotherapie. Leitfaden zur psychodynamischen Therapie struktureller Störungen (2. Aufl.). Berlin: Schattauer.

Sadler, L. S., Slade, A., Mayes, L. C. (2009). Das Baby bedenken: Mentalisierungsgestützte Erziehungsberatung. In J. G. Allen, P. Fonagy (Hrsg.), Mentalisierungsgestützte Therapie (S. 450–458). Stuttgart: Klett-Cotta.

Schnelzer, T. (2015). Tiefenpsychologisch fundierte Psychotherapie in der Erziehungsberatung. Praxis der Kinderpsychologie und Kinderpsychiatrie, 64, 1, 33–47.

Schütz, A. (1932/1974). Der sinnhafte Aufbau der sozialen Welt. Frankfurt a. M.: Suhrkamp.

Seiffge-Krenke, I., Lohaus, A. (Hrsg.) (2007). Stress und Stressbewältigung im Kindes- und Jugendalter. Göttingen: Hogrefe.

Shaked, J. (2011). Ein Leben im Zeichen der Psychoanalyse. Gießen: Psychosozial-Verlag.

Siegrist, J., Marmot, M. (Hrsg.) (2008). Soziale Ungleichheit und Gesundheit: Erklärungsansätze und gesundheitspolitische Folgerungen. Bern: Huber.

Siegrist, J., Theorell, J. (2008). Sozioökonomischer Status und Gesundheit: die Rolle von Arbeit und Beschäftigung. In J. Siegrist, M. Marmot (Hrsg.), Soziale Ungleichheit und Gesundheit: Erklärungsansätze und gesundheitspolitische Folgerungen (S. 99–130). Bern: Huber.

Spangenberg, N. (1996). Vom Umgang mit Multi-Problem-Familien. Eine exemplarische Einführung in die Sozialtherapie. In P. Möhring, Neraal, T. (Hrsg.), Psychoanalytisch orientierte Familien- und Sozialtherapie. Das Gießener Konzept in der Praxis (3. Aufl., S. 204–224). Gießen: Psychosozial-Verlag.

Sperber, D., Clement, F., Heintz, C., Mascaro, O., Mercier, H., Origgi, G., Wilson, D. (2010). Epistemic vigilance. Mind & Language, 25 (4), 359–393.

Stemmer-Lück, M. (2004). Beziehungsräume in der Sozialen Arbeit. Stuttgart: Kohlhammer.

Straub, K., Stavrou, A. (2014). Mentalisierungsbasierte Gewaltprävention an einer Grundschule. In H. Kirsch (Hrsg.), Das Mentalisierungskonzept in der Sozialen Arbeit (S. 96–114). Göttingen: Vandenhoeck & Ruprecht.

Taubner, S. (2015). Konzept Mentalisieren. Eine Einführung in Forschung und Praxis. (Bibliothek der Psychoanalyse). Gießen: Psychosozial-Verlag.

Taubner, S., Curth, C., Unger, A., Kotte, S. (2014). Die mentalisierende Berufsausbildung – Praxisbericht aus einer Pilotstudie an einem Berufsbildungswerk für lernbehinderte Adoleszente. Praxis der Kinderpsychologie und Kinderpsychiatrie, 63, 738–760.

Taubner, S., Volkert, J. (2016). Mentalisierungsbasierte Therapie für Adoleszente (MBT-A). Göttingen: Vandenhoeck & Ruprecht.

Thiersch, H. (1992). Lebensweltorientierte Soziale Arbeit (7. Aufl.). Weinheim: Juventa.

Thiersch, H. (2002). Positionsbestimmung der Sozialen Arbeit. Gesellschaftspolitik, Theorie und Ausbildung. Weinheim: Juventa.

Thiersch, H., Böhnisch, L. (2014). Spiegelungen. Lebensweltorientierung und Lebensbewältigung. Gespräche zur Sozialpädagogik. Weinheim: Juventa.

Trescher, H.-G. (1988). Erziehungswissenschaft und Psychoanalyse. Neue Praxis, 18, 455–464.

Trescher, H.-G. (1995). Studium im Praxisbezug: Praxisprojekte in der Lehre Psychoanalytischer Pädagogik. In Evangelische Fachhochschule Darmstadt, Fördernder Dialog. Psychoanalytische Pädagogik als Handlungstheorie. Zum Gedenken an Prof. Dr. habil. Hans-Georg Trescher (S. 69–102). Darmstadt: Bogen-Verlag.

Trescher, H.-G., Finger-Trescher, U. (1992). Setting und Holding-Function. Über den Zusammenhang von äußerer Struktur und innerer Strukturbildung. In U. Finger-Trescher, H.-G. Trescher (Hrsg.), Aggression und Wachstum (S. 90–116). Mainz.

Twemlow, S. W., Fonagy, P. (2009). Vom gewalterfüllten sozialen System zum mentalisierenden System: Ein Experiment in Schulen. In J. G. Allen, P. Fonagy (Hrsg.), Mentalisierungsgestützte Therapie (S. 399–421). Stuttgart: Klett-Cotta.

Weiß, W. (2011). Philipp sucht sein Ich. Gießen: Psychosozial-Verlag.

Wininger, M., Datler, W., Dörr, M. (2013). Psychoanalyse und die Pädagogik der frühen Kindheit: Zur Einführung in diesen Band. In M. Wininger, W. Datler, M. Dörr (Hrsg.), Psychoanalytische Pädagogik der frühen Kindheit (S. 7–22). Opladen: Barbara Budrich.

Wolf, M. (2000). Szene, szenisches Verstehen. In W. Mertens, B. Waldvogel (Hrsg.), Handbuch psychoanalytische Grundbegriffe. Stuttgart: Kohlhammer.